新 潮 文 庫

「一流」をつくる法則

齋藤 孝著

新 潮 社 版

8914

目次

「一流」をつくる法則

第1講
猿飛佐助は個性を超える

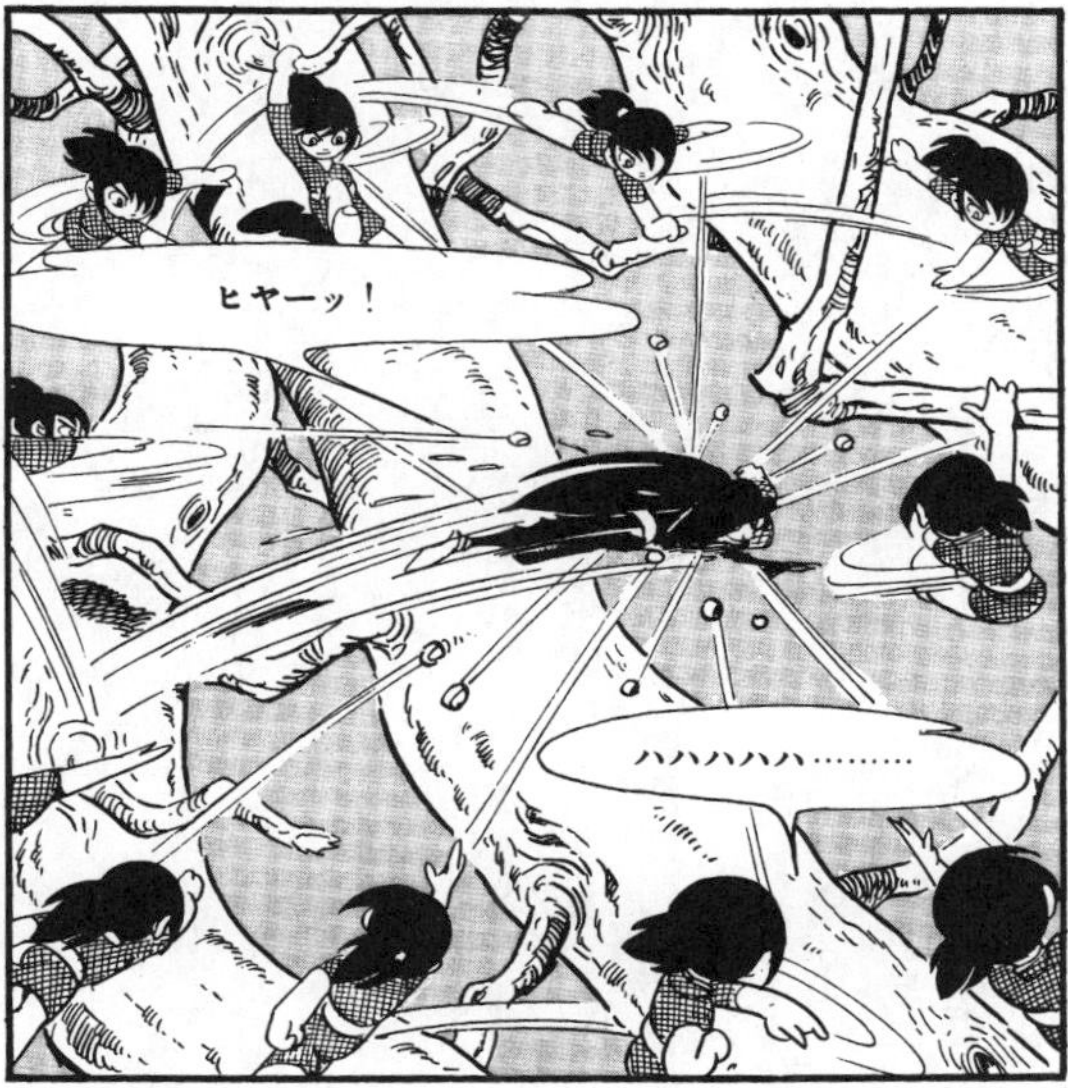

1．個性・組織を超えるコンセプト

個性重視か組織優先か。自由か、管理か。

日本の多くの集団・組織が、こうした二項対立図式にはまりこんでしまい身動きがとれなくなっている。現実的に活性化している集団においては、「個性か組織か」という二者択一にはなっていない。個人と組織がそれぞれ活性化しあう相互的な関係にある。

ただし、個性と組織は、対等な観念ではない。Aという個人とBという個人の関係とは異なる。集団・組織という観念の中には個人も要素として含まれているからだ。個性は、インディビジュアリティ（individuality）の訳語で、ある個人に具《そな》わっていて、他の人とは違う、その個人にしかない性格・性質のことである。したがって、個性という言葉は、基本的には個人について言われる言葉である。「集団の個性」といった言い回しは、いよいよ事態を混乱させてしまう表現だということになる。

個性と組織という観念の二項対立図式は、日本人の思考の呪縛《じゅばく》ともなっている。集団や場を活性化させていくために、よりリアリティに即したコンセプトが求められている。ここでは、そのコンセプトを提示したい。

2．猿飛佐助は何者か

そのコンセプトの前に、唐突なようだが、白土三平『サスケ』（小学館文庫）のあるエピソードを取り上げたい。これから紹介するそのエピソードは、三十年ほど前に私の頭に入り込んで以来、ずっとヒントを与え続けてくれているものだ。エピソードのオチを聞いて、何でもない話だと思われるかもしれないが、私にとっては非常に重要なパワーを持った論理であった。

白土三平の『サスケ』は、天下が豊臣から徳川へと移行する混乱期に、両陣営の忍者同士が戦いあう。そうした状況の中で真田《さなだ》幸村《ゆきむら》の臣下である忍者の子ども佐助が、忍者として成長していく物語だ。白土の『カムイ伝』のような重い思想的なテーマ性は薄く、楽しい忍者活劇ものとなっている。

『サスケ』はこう始まる。徳川家康が江戸城でおもだった家来を集め、重要会議を開

いている。そのとき、将軍家兵法指南役柳生但馬守《やぎゅうたじまのかみ》がすっと立ち、槍《やり》で天井を突き刺す。すると、血が滴《したた》り落ちてくる。但馬守は、伊賀忍者の頭領服部半蔵《はっとりはんぞう》に後を任せる。半蔵たちによって追い込まれた真田側のこの忍者は、自害して果てる。ここでは囲炉裏で顔を焼けただれさせて死ぬ忍者らしい最期《さいご》が描かれている。

　そこでト書きが入る。「これが、かの一代の天才忍者・猿飛佐助の最期であると伝えられている。しかし、この物語は、ここからはじまるのである」

　後でわかることだが、この物語の始まり方は、実に考え抜かれている。猿飛佐助はここでたしかに死んだはずなのに、再び現れ家康を脅《おびや》かす。

では、ここで問題です。死んだ猿飛がなぜまた現れたのでしょうか。

こんな問題を出すと、マニアックな白土三平ファンかと思われるかもしれないが、この問いは実は、白土三平自身が出している問いなのである。ト書きにはこうある。「さて、これから猿飛と柳生忍群とのあいだに、すさまじい戦いがくりひろげられるわけであるが、このなりゆきは、しばらくふせておくことにしよう。それより先に、といておかなければならない問題がある。つまり、すでに死んだはずの猿飛がどうして生きかえって、ふたたび姿をあらわしたのであろうか？」マンガのコマ割りの最中に、これほどはっきりとト書きを入れて問題まで出す漫画家は珍しい。

服部半蔵も「信じられん。死んだ者が生きかえるなど……しかもバラバラになった者が……しかし猿飛は生きている……やつは不死身なのか……ばかな！　そんなことがあってたまるか！」とつぶやき、不安におそわれる。次の場面で半蔵は、猿飛と同じ術を使う少年佐助に出会う。これが一つのヒントになる。

もう一つのヒントは、猿飛の術である。猿飛佐助の得意技は、木から木へと次々に猿が飛び移るように、自由自在に身を移すことのできる体術である。

3．才能はなぜ集中して出現するのか

ところで、才能（タレント）は、均等に分散して現れるというよりは、ある時代や世代に集中して出てくるとよく言われる。これはなぜだろうか。一つには、才能がいくつか連続して出てきたときに、集中しているという印象が強まるからだ。また、突出した才能が自分と同じグループにいた場合、その最高レベルを目標として努力することで、全体のレベルがアップするということが考えられる。松坂大輔投手と同学年には、優れた選手が多く、松坂世代と呼ばれている。これは、松坂という格別の実力者を基準として、同学年が目標を高くおいたためであると言われている。たとえば、プロはただ行けばいいというところではなく、そこで成功するべき場所なのだという認識を、この同期の優秀な選手は持っている。それは、一年目からプロで活躍した松坂投手の影響を受けたものの見方である。設定した基準のレベルによって、到達する水準は当然異なってくる。決勝に出ることが目標のチームと優勝することが当然のチームとが対戦すれば、技術のレベルが同程度であっても、勝負は後者に有利となる。

明治維新やルネッサンスは、時代の大きな要請によって生み出された才能集団によ

って成し遂げられた。偶然優れた才能が出会い、切磋琢磨《せっさたくま》してレベルアップするというだけではない、歴史的な事情がここにはある。歴史の大きなうねりを自分の使命と感じて仕事を創出していく意識の連鎖が起こっている。最後は、問題意識や課題意識の程度によって大きく開花が左右される。したがって、監督や指導者の大きな役割は、何よりも意識改革となる。単にシステムを変更するというだけでは足りない。システムの変更を可能にするための意識改革への強い意思表示が必要とされる。

歴史的な要請があれば、どの社会でも適切な才能集団を生みだし、事態をうまく切り抜けたというわけではない。そこに意識改革の連鎖反応が起こらなければ、大きく社会の舵取《かじと》りをしていくことは難しい。明治維新は、こうした意識改革の連鎖が明確な結果を生んだ好例だと言えるだろう。

しかし、意識改革の連鎖だけではなく、より実質的な要因もまた、こうした才能の集中的出現という現象にはあるのではないか。つまり、それ以前の時代や世代にはない種類の、ハイレベルな基本技の共有ということである。たとえば、蘭学《らんがく》をはじめとして洋学を積極的に学んだ世代は、それまでの漢学中心の素養の世代とはまったくレベルの異なる知識を身につけた。洋学は実学であり、その知識の有無は、社会を近代化させるにあたって決定的な重要性をもっていた。

吉田松陰の松下村塾《しょうかそんじゅく》は、社会改革への狂的なまでに強い意識変革の連鎖を生みだした溶鉱炉である。これに対して、緒方洪庵《おがたこうあん》の適塾は、オランダ語の学力を高め、医学を中心とした実学を修めるトレーニング機関であった。どちらも、若者たちの才能を鍛え上げる溶鉱炉としての役割を果たしていた。ただし、そのスタイルはずいぶんと違っている。緒方塾の場合には、西洋の実学が、日本の他の人々とは隔絶したレベルにあった。そのハイレベルな知識を共通の基本技として、塾生たちは共有していた。ひとたびその塾生たちが外に出れば、福沢諭吉のように突出した才能として世に認められることとなった。

優れた才能が同時期に偶然的に現れるように見える現象も、辿《たど》ってみると実は同じ溶鉱炉から出てきているケースが少なくない。印象派は、それぞれの画家の画風は異なるが、実はパリという同じ溶鉱炉で育てられた才能集団である。それぞれ相互が知り合いであったり、一緒に暮らしたりしている。そこで基本的な技術を共有してきたのだ。こうして根本の溶鉱炉を辿る観点で見てみると、才能の集中的出現は偶然ではないとわかることが多い。

４．猿飛佐助は個人名ではなかった

さて、ここで猿飛佐助の問いに戻ってみたい。読者の諸君、いかがであろうか（白土調）。

賢明なる読者の方々はすでにお気づきのことであろうが、謎《なぞ》を解く鍵《かぎ》は、猿飛という名の性質にある。

柳生忍群に追い込まれた猿飛は、例によって瀕死《ひんし》の瞬間、自分の顔に爆薬を仕掛け自害する。そのとき、猿飛を倒した柳生忍者の周りを真田の忍者が取り囲む。柳生忍者が「だれだ！」と問うと、そのうちの一人が「真田の忍者猿飛！」と答える。驚く柳生忍者に対して、さらに驚くべき謎が明かされる。

「おぬしの殺した男も猿飛だ」「われらはみんな猿飛だ」

つまり、猿飛は個人の固有名詞ではなかったということである。何人もで共有する集団的な名詞であったのだ。だから、一人が死んでも、不死身のようにまた現れ出たのである。

ただし、真田の忍者すべてを猿飛というのかと言えば、これも違う。柳生忍者へ冥《めい》

©Sanpei Shirato

©Sanpei Shirato

土《ど》のみやげとして、もう一つの秘密が明かされる。

「猿飛は何人もいるのだ。猿飛というのは人の名ではない。術の名さ。猿飛の術をつかう者すべて猿飛なのだ」このあと柳生忍者は消されるが、この秘密を陰で半蔵がうかがっていた。半蔵は、猿飛の不死身の秘密を知り、「ウ…ムおそるべきことだ」とショックを受ける。

　それはそうだろう。天才忍者と恐れていた猿飛が、この論理で言えば何人も止めどなく出現してくるのだから。だれをマークすればよいのかさえもわからない。たしかに猿飛恐るべしだが、真に恐るべきなのは白土三平だ。

猿飛は一人ではなく何人もいる。猿飛は人の名ではなく術の名。猿飛の術を使う者すべてが猿飛。この論理は、私たちの個性幻想を吹き飛ばすパワーを持つ論理だ。しかもただの論理ではなく、何となくわくわくする気分を起こさせる魅力を持っている。

私たちには、天才的な個人を待望する傾向がある。少しばかりの才能の人間でも、すぐに天才ともてはやす。天才という言葉を多用するのは、偶然的に才能が突出するのを待つ宝くじ的な気分からだ。才能の出現が宝くじのようなものであるならば、教育はいらない。しかし一般的には、教育プログラムの成果として現れた才能よりも、教育とは無関係に天賦《てんぷ》の才能だけで一流となったイメージのある者を好む傾向がある。ただし、この好みは、安易なものだと言える。日本人の大好きな天然系の長嶋茂雄も、当然のことながら基礎トレーニングの賜物《たまもの》であるからだ。

個人ではなく、集団自体が、優れた才能を持つとすれば、そのパワーは個人の比ではない。猿飛の術という基本技を体得した者は皆猿飛の名を獲得できる。これは、トレーニングする際の励みになる。高度な基本技が、集団としてのアイデンティティとなっているのだ。これは、思いこみの信念とは違う。個性や天才という言葉にいつまでも引きずられがちな状況において、この猿飛佐助の組織論は、大きなヒントを与えてくれるものではないだろうか。この基本技の共有という観点から、組織を見直すことによって、組織の質がより見えやすくなる。

5．影武者と猿飛はどこが違うのか

ひとりが殺されても代わりの者がいるから大丈夫。この論理は、「影武者」にも通用する。影武者の場合は、本当に守るべき人物の身代わりを立てる。では、この影武者と猿飛とは同じ論理でくることのできるものだろうか。できないとすれば、両者の違いはどこにあるのか。

両者の違いは、癖と技の質的な違いにある。影武者の場合は、敵を欺《あざむ》いたり身代わりにするために、大将など重要な人物と同じ装束を影武者にさせる。手が込んでいる場合には、その守るべきＶＩＰの癖を把握し、それをまねする。たとえば話し方や食事の仕方、立ち居振る舞いの姿勢などである。影武者が消されても、ＶＩＰ当人が健在ならば、大勢に影響はない。逆にＶＩＰが消されれば、影武者だけでは実質的な指導性は低くなる。

影武者がＶＩＰと共有しているのは、癖であり、基本技ではないのである。指導力の根幹をなす基本技を身につけることまでは影武者の責務ではない。もしそれができたとすれば、もはやその人物は影武者と呼ばれる域を超えている。

これに対して猿飛の場合は、癖ではなく、基本技を習得することが、アイデンティティの中核をなしている。猿飛の猿飛たる所以《ゆえん》を共有しているということだ。したがって、相互の実力にはそれほどの差がない。少なくとも、スタンダードは超えている。

集団が生産的な場合、それをリードする人物がたいていはいる。そのリーダーの癖を模倣してしまうか、それともリーダーの持つ基本技をまねて盗み習得するかは、大きな違いを生む。癖は、個人的なものであり、必ずしも生産的ではないものをも指す。もちろん人間のやることは、長所と短所が表裏一体であるので、この癖を分析していけば、技につながっていることもある。ただし、基本的には癖と技は区別できる。

たとえば、アントニオ猪木《いのき》の日常生活におけるしゃべりの癖をまねることのうまい芸人を、リングに上げて試そうと考える者はいないだろう。アントニオ猪木は、たしかに魅力的な癖のあるキャラクターではある。しかし、猪木の猪木たる所以は、元来その卓越したプロレスの技にあった。同様のことは、現在日本のお笑い界を支配している吉本芸人についても言える。一般の人々も吉本的なノリをまねする。吉本芸人の雰囲気だけをまねしたしゃべり口調をする者は、街中に溢《あふ》れている。しかし、たいしておもしろくない者が多い。というのも、これもまた吉本的なノリという癖をまねただけで、場を段取るという基本技を盗んではいないからだ。吉本の芸人の中でも、長年売れている者は、ほぼ例外なく頭がいい。状況を瞬時に把握し、全体の流れを踏まえて加速をしたり、あえて外してみたりする。外れるのではなく、わざと外すのである。自分が意識して外した文脈であるから、ある程度の時間が経《た》てば、本筋に自分で話を戻すことができる。この力がないと、番組を仕切ることは難しい。つまり、売れている吉本芸人の特徴は、コンテキストを見極め、場を段取る頭の良さがあるということだ。この本質的な部分をまねて盗まない限りは、表層的なノリの模倣に留まることになる。このレベルでは、影武者とさえも言えない。

6. 技の共有という観点から集団を見る

突出した才能を持つ個人の癖に惑わされずに、その才能を支えている基本技を見抜く。これが集団がクリエイティブであるかを見分ける際の重要な視点でもある。一人の「天才」が生み出されている母体が必ずある。その母体を型や技という観点から見てみると、コロンブスの卵のように意外に簡単な秘訣《ひけつ》が隠されていることが多い。

たとえば、日本の初等教育における算数の国際的優位性を支えていたのは、九九の暗誦《あんしょう》である。仮に九九を教えるのをやめ、九九のできる世代と九九のできない世代の二つをつくってみたとしよう。そうすると、日常生活で計算の求められる状況において、明確な差が世代ごとに現れてくる。九九を教えられていない世代が、瞬時に暗算をする者達を見れば、いわば一種の忍術のように見えるだろう。つまり、九九は、一種の「猿飛の術」なのである。九九という猿飛の術を身につけた者たちには、その技を知らない者とは違うレベルの計算力が身についている。できない者からすれば、九九のできる者は一種の天才に見える。

インドでは、一桁《けた》どうしどころか、二桁どうしのかけ算も暗記させるという。もし、二桁どうしのかけ算を暗算であっさりとこなす者を目の前にしたならば、私たちには非常な脅威である。二桁のかけ算を暗記するトレーニングを行っているという事実を知っていれば、比較的落ち着いて事態を受け止めることができる。しかし、このトレーニングの事実が隠されていたならば、この能力はいっそうの神秘に包まれる。基本技を共有するためのトレーニングを隠し、パフォーマンス（結果）だけを見せつければ、そこにはこの神話が生まれる。その神話が見る者を惑わせる。基本技は何かをしっかりと盗む冷静な目を失い、癖に惑わされるようになる。神話化にはこうした幻惑作用がある。したがって、技のダミーとも言えるような癖を、外に情報として流す戦略も十分成り立つ。

算盤《そろばん》は、いっそう忍術のイメージに近い。道具自体が、その機能を知らない者にとっては神秘的だ。その神秘な道具を、これまた尋常ならざる速度ではじき、はじき終わったときには膨大で複雑な計算の答えが出ている。これは相当な忍術だ。まして、算盤が頭の中に入っていて、それをイメージではじくことによって暗算をするという域にまで達していれば、これは立派なジーニアスだ。ただしこの天才は、一人の個性によるものではなく、トレーニングシステムの成果である。

優れた道具が、身体に内在化され、イメージとしていつでもそれを使いこなすことができる。これこそ技の究極的な習得の形だ。

私が型の例としてよく用いるのは、相撲の四股《しこ》だ。四股は、チビッコ相撲でも横綱でも通用する基本の型だ。相撲の動きの根幹をなす筋肉や身体感覚を、四股の反復練習を通じて鍛え上げることができる。逆に四股を踏まなければ、相撲に必要な力を身につけることは難しい。四股を徹底的に踏む相撲部屋と四股という基本の型を知らないで練習している相撲部屋とが、対戦するケースを考えてみよう。同程度の資質を持つと仮定すれば、結果は明らかに四股を技化《わざか》した部屋の勝利である。

これが型の威力だ。優れた型は、才能の有無を問わず、上達を格段に促進させる。

一人の天才が偶発的に出現するのではなく、ハイレベルの熟達者を多人数養成することができるのが、型の強みだ。こうした熟達者の中から、さらに突出した者が生まれてくる。自分の癖をも技に変える工夫の力を持った者が、ハイレベルな集団からさらに抜け出してくる。この癖の技化は、後で提出したいスタイルというコンセプトに深く関わっている。基本の型を身につけた上で、さらに癖が技とされた動きが加えられると、非常に高いパフォーマンスが生まれる。

7.「練活」による暗黙知の共有

ハイレベルの型・技を共有しているかどうかが、集団の質を見分ける際の一つの大きな指標である。猿飛集団における「猿飛の術」にあたるものは、その集団では何なのか。この問いがキーフレーズになる。その集団に「猿飛の術」があるのか。より重要なことは、それが共通の基本技としてしっかりと相互に認識されているのか、ということである。技を身につけているという共通認識があるかどうかが、集団の質の向上には大きく関わっている。

日本の企業のクオリティーコントロール（品質管理）は、ある時期一種の猿飛の術であった。諸外国から見たときに、なぜミスの少ない製品管理があそこまで可能なのかは、当初謎《なぞ》だったに違いない。その謎を国民性に帰することももちろんできる。しかし、より実質的なシステム上の工夫があったのだ。常に品質管理の質を高める、簡単には見破られることのない緻密《ちみつ》な工夫の積み重ねが、一つのシステムとして結実していたからこそ、個人の質とは別次元でのパフォーマンスのレベル維持が行われていた。より正確にいえば、個人の質と無関係というわけではなく、そのシステムに加わることによって、個人の質が格段に向上した。そのように個人を成長させることのできるシステムであるかどうかが、クリエイティブな集団であるかどうかを見極める指標となる。

非常に効率のいいマニュアルを完備しているシステムであっても、そこに関わる個人がさしたる成長を見せないのであれば、そのシステムは猿飛集団的ではない。猿飛集団の場合は、個人個人の資質を高めるように、システムが成立している。猿飛の術を見た者は、それにあこがれ、どうしてもそれを身につけたくなる。そのために練習する。そして、明確な技術水準に達したときに、猿飛という称号が与えられる。これに対して、あるマニュアルを覚えたばかりの者と一年経《た》った者との間にさして優劣がない場合は、マニュアルは一応一流だとは言えるが、クリエイティブだとは言えない。

目指すべきは、個人の質を必然的に高めるシステム（型）をつくることだ。

ここでもまた白土三平は、ヒントとなる洞察を残している。『サスケ』の第三巻には、幻術使いが出てくる。たとえば、縄がひとりでに上に上がり、それをつたって上に上っていく。あとからそれは、谷の上にその縄を引き上げるための細工がしてあったことがわかる。こうしたからくりがあるものが幻術だ。

そうした幻術と猿飛の術は、根本的に性質が異なる。人の目をまやかす幻術は「妙活」と呼ばれる。この妙活の中には、「催眠術。偽音（モノマネ）。腹話術。鳥獣をかいならす。変装。忍者用具の使用法。手品的技術等々……」があるとされる。これに対して猿飛の術は「練活」とされる。ごまかしやインチキではない、血の出るような修練を経て得られる体術である。練活は忍法の基本であり、「あらゆる状態に即応できる体力と体術を身につけること」である。たとえば、「一日40里（約１５０キロ）を走る。自由に手足の関節をはずし、また、もとどおりにできる。跳躍、廻転、指一本でさか立ちできる力とバランス等々……」である。子どもたちは、幻術のような妙活に惑わされあこがれたりするが、子どもを指導する忍者は、忍術の基本は練活だとして反復練習をさせる。

もし「猿飛の術」が単なるからくりの術の幻術であったならば、猿飛集団の意味は薄い。情報が漏れればすぐにまねされてしまうからだ。これに対して、徹底的な反復練習によってからだに技を覚え込ませることが必要な練活の場合は、そう簡単には盗まれない。

ある集団が妙活で成り立っているのか、それとも練活で成り立っているのか、という観点から集団を見るのも、一つの有力な集団の見方である。

そこに明確な練活があるならば、その集団はかなり優秀だと言える。練活はいわば体術だ。からだに覚え込ませる反復練習を必要とする基本技があるかどうか。これが集団の質を決定的に左右する。

というのは、集団の質は暗黙知をどれだけ共有できるかにかかっているからだ。暗黙知は、言語的に明示化されたマニュアルでは表現しきれない内容を持っている。しかし、現実のパフォーマンスを支えているのは、この水面下の氷山のような暗黙知である。暗黙知は身体知と言い換えてもいい。身体に身についている多くの知が、現実の活動を支えているのである。

こうした暗黙知・身体知は、言語化するのが難しいので、共有することもまた一見困難である。しかし、実際には、この暗黙知（身体知）を伝承し、共有するための工夫がある。それが型である。型は、明確な一つの教育プログラムだ。これを反復練習することによって、達人の得ている暗黙知（身体知）に近づくことができる。相撲の四股を何度も何度も練習していると、その四股に込められている暗黙知が自分の身体に伝わってくる。横綱の身体感覚を共有するかのような効果がある。もちろん横綱とは決定的な体力差・技術差はある。しかし、四股を踏み続けた者は、足腰の踏ん張りを受けとめる身体感覚において、質的には横綱と同質の感覚を獲得することができる。これが、練活による暗黙知の共有だ。

身体という観点を、組織を見るときの視座として持ち込むことによって、いろいろなものが見えてくる。身体に技化したものが、最高の威力を発揮する。こうした技（身体知）は、見る目がなければ、見抜くことはできない。身体知を見抜くという観点で見てこそ、初めて盗むことができる質のものだ。この身体知を見抜く視座自体が、反復練習して身につけられるべき技である。一度や二度見ただけでは、十分には身につかない。常に型や技、身体知の共有といった観点から、システムや集団組織を見ることを反復練習して技化することによって、集団の質を見る目が鍛えられる。この視座を持続的に保持するためのコツは、「ここでの猿飛の術は何なのか」という問いを意識し続けることである。

暗黙知を形式知に転換し、また形式的な知を通して暗黙的な知を共有していく。この循環が集団のレベルアップには不可欠だ。

8．スタイル［一貫した変形作用］

ここまで組織と個人の二元論を超えるためのコンセプトづくりをしてきた。技を共有するためには、相互の〈まねる盗む力〉が必要だ。同じ技でも、その練達度には当然差がある。熟達した者のパフォーマンスから、コツを盗み出す。このまねる盗む力を、型・技の鍛錬は要求する。

基本技を共有した者同士の間には、ある似た雰囲気がかもし出される。猿飛の術を反復練習によって体術となし得た者は、他の技への応用が可能となる。分身の術や変わり身の術なども、この猿飛の術の体術があれば、より高度に行うことができる。そもそもこうした応用が可能な技を基本技と呼ぶ。

こうした基本技を共有した者同士は、同じスタイルを持つと言える。スタイルとはこの場合、もちろんファッションで言うスタイルではなく画家のスタイルと言ったときのスタイルである。正確に言えば、「一貫した変形作用」という意味でのスタイルだ。こう言うと一見難解そうだが、実際にスタイルがあるとされるものを見ると、そこに一貫した変形作用（デフォルメ）を見て取るのはそれほど難しいことではない。スタイルがあるかないかは、一流とそれ以外を分ける指標だと言っても過言ではない。自分のスタイルを持たない一流の画家というのは考えにくい。また、自分のスタイルを持たない一流のプロスポーツ選手が考えられないのも、同様だ。一般の仕事の場合にも、一流の人は、皆それぞれスタイルを持っている。

ただし、このスタイルというコンセプトは、個人に属するものでは本来ない。むしろ流派のような集団に用いられる方が、本筋である。

たとえば、ホンダとトヨタはよく対比される企業だ。ホンダはエンジンをはじめ、技術開発力に優れ、チャレンジし続けるスタイルを持っている。そこには、本田宗一郎というカリスマプのスタイルを、多くの社員が共有してきたという背景がある。トッのスタイルが集団全体に浸透する、スタイル伝承の場が歴史的に社内にあったといううことだ。これに対してトヨタの得意技は、総合的な安定性にある。車の内装の充実やバランスの取れた車づくり、加えて販売網や修理システムの整備などが特徴となっている。

このホンダとトヨタのスタイルの対比は、ソニーとパナソニックとの対比に相通じるものがあるだろう。

これは、スタイルが必ずしも個人にではなく、企業という集団においても通用するコンセプトだということを示している。印象派という絵画の新技法の流れもまた、スタイルであった。印象派というスタイルをくぐり抜けることで、画家たちは光の新しい表現方法を学んでいった。それは一つの学校とも呼べるものであった。学校といっても、明確な校舎や先生があるわけではない。もちろんモネのようなリーダーはいた。しかし、集団としては固定的なものではなく、人間関係の網の目によって絶えず動き続けていた。そこに共有されていたのは、光の新しい表現方法という「猿飛の術」である。ここに印象派という猿飛集団が形成された。そこから、ゴッホやセザンヌといった、印象派の概念を飛び越える者も現れてきた。しかし、彼らのスタイルは、印象派というスタイルをくぐり抜けること抜きでは考えられないものだ。

スタイルは一貫した変形の仕方である。その印象派というスタイル全体を、自分の中でそれぞれがまた一貫して変形し、自らの画風をつくる。その画風には個人個人の癖が技化して溶け込んでいる。しかし、彼らに共通する、光の表現の新技法を見ることができる。大文字のスタイルの中に、個人個人のいわば小文字のスタイルがそれぞれ入っているようなイメージだ。

こうしたハイレベルの基本技を共有している集団は、教育力が高く、集団としても強い。それは個人個人が仲がよいということではなく、他とのレベルの比較において強いということだ。絵画における世界の巨匠というシリーズを組むときに、印象派の画家たちの占める人数の割合は、不当とも言えるほどに高い。それは、才能がある者がその時代に凝集したということではなく、印象派というスタイル自体のもつ力が、現在の私たちにとって強いインパクトを持っているということであろう。つまり、画家としての個人の資質で言えば、過去の巨匠に劣るものでも、印象派というスタイルの学校をくぐり抜けた者は、非常なタレントとして世に認められるということである。とりわけ日本のように、印象派というスタイルを偏愛する国においてはなおさらだ。

個人と個人の特性を対比させるという次元を超えて、スタイルとスタイルの絡《から》み合いとして、現象を見ていく。こうした視点を私は「スタイル間コミュニケーション」と呼びたい。真田忍群と柳生忍群との戦いも、スタイル間コミュニケーションと見ることができる。それぞれの「一貫した変形作用」同士のぶつかり合いと見る見方である。この観点に立って集団を見るときに、「天才を生み出す組織とはどのようなものか」という問いがよりリアリティのある問いに変換されてくる。

その集団のスタイルの根幹をなす「猿飛の術」とは何か、という問いは、集団を捉《とら》える際の基本的な視座となるのではないか。

第1講のまとめ

1. ハイレベルな基本技が全員によって共有されている組織は、驚くべき強さを持つ。
2. 逆に「癖」の模倣に留まれば、中心人物がいなくなれば組織も消滅する。
3. 優れた「型」は、才能の有無を問わず、システマティックに熟達者を養成できる。

第2講

ヨハン・クライフとカルロス・ゴーン

1974年ワールドカップ、対ブルガリア戦。クライフの雄姿。
photograph by Tomikoshi Masahide

前講の「猿飛佐助は個性を超える」では、白土三平のマンガ『サスケ』をテキストにして、組織を技の共有という観点から見る視点を提示した。簡単に言えばこういうことだ。

猿飛佐助という有名な忍者は、一人の忍者の名前、つまり固有名詞だと思われているが、実は猿飛佐助は一人ではない。死んでも別の猿飛佐助が現れる。というのは、猿飛佐助というのは、「猿飛の術」をマスターした者に与えられる呼称だからだ。つまり、猿飛というのは人間の名前ではなく、術・技の名前だったというわけだ。

こういう独自の強力な技を共有している集団は、強い。外から見ているとまねのできない達人集団に見える。一人ひとりの個性的な才能という観点だけで優れた組織を語ることはできない。

一方で、完全にシステムの観点から組織を見るのもまた、実際に生きて動いている集団のクリエイティブな力を捉えにくい。

必要なことは、技の次元を見極める視点だ。中でも重要なのは、技の共有という観点だ。私は優れた集団や組織では、「猿飛の術」に当たるような基本技の共有が鍵《かぎ》となっていると考えている。

この講では、この猿飛のコンセプトで、現実の集団を見てみたい。採り上げるのは、サッカー選手のヨハン・クライフが実践し、指導してきたトータル・フットボールと日産の経営を立て直した経営者カルロス・ゴーンのクロス・ファンクショナル・チームの二つだ。

サッカーの戦術や組織と企業経営の組織とを並べて論じるのは、奇妙な感じを与えるかもしれない。しかし、この二つは、猿飛佐助のコンセプトから見たとき、似たところがある。私の提示したい視点は、そもそもが領域をまたぎ越す視点だ。もちろん二つの組織スタイルは、領域が違うだけに、すべてが同じ論理で説明できるということはない。しかし、猿飛の術という切れ味のいい包丁でそれぞれの素材を切ってみると、同じようなうまみが出てくる、そんな感じだ。

ではまず、クライフのトータル・フットボールという組織スタイルから見てみたい。

1．トータル・フットボールという革命的スタイル

ヨハン・クライフとは誰か

ヨハン・クライフは、日本ではサッカーファン以外にはあまり知られていない名前かもしれないが、ペレやマラドーナと比肩《ひけん》しうる超メジャーのサッカー選手だ。ヨーロッパの二十世紀最高のフットボーラーとも言われている。とりわけ鮮烈であったのは、ワールドカップ西ドイツ大会のオランダ代表チームにおけるプレーであった。オランダは決勝でベッケンバウアー率いる西ドイツに惜しくも敗れたが、チームとしては最も高い評価を受けた。

トータル・フットボールと呼ばれたオランダチームの戦略とプレースタイルは、未来を開くスタイルとして世界中に衝撃を与えた。二〇〇二年のワールドカップで日本が行っていたプレッシング・サッカーも、このトータル・フットボールのスタイルの流れを汲《く》んでいる。

クライフは、この時代を切り開いたトータル・フットボールの体現者であり、リーダーであった。

クライフについて、ペレはこう言っている。「彼は天才です。仲間のプレーヤーたちがいつもマークを外している彼を探します。相手ディフェンダーがタックルしてくる前にボールを捌《さば》くことに長《た》けています。体を折り曲げ、足にボールを密着させたまま、信じられないくらいやすやすとドリブルをします。マエストロそのものですね。チームプレーをしていてどこにでも出没する。シュートをしたりミッドフィールドでチームを指揮するのと同じ能力レベルでディフェンスに回ります。そのうえゴールをするんですよ！　それも何というゴール！　敵陣でボールをキープすれば常にゴールを脅《おびや》かします。私は彼のプレーに魅せられています」（ミゲルアンヘル・サントス著・松岡義行訳『ヨハン・クライフ――スペクタクルがフットボールを変える――』中公文庫）

ペレが言っているのは、グラウンド全体において、必要に応じてクライフは出没し、高度なプレーを見せたということだ。これはもちろんクライフ自身の卓越したスピードと戦況判断力によるものだが、チームのプレースタイルが、ポジションにとらわれないものであったことも大きく作用している。次に、一九七四年以降現在に至るまで世界に影響を与え続けているトータル・フットボールという戦術は、どのようなものかを簡単に見ていきたい。

トータル・フットボールというスタイル

トータル・フットボールは、クライフがリードして実現させたものだが、このスタイルを監督としてマネジメントしたのは、リヌス・ミケルスだ。ミケルスはオランダを代表するクラブチームのアヤックスとナショナルチームを通じて、トータル・フットボールを具現化していった。ミケルスによれば、その戦術は次の通りだ。まず、自分たちのスタイルを展開するために常にボールをキープし、イニシアティブを握る。ボールがくるのを待っているのではなく、自分からボールを「探しに行って射止める」。そのためにプレーのフィールドを小さくする。フォワード陣とディフェンス陣の間の距離を狭くするのである。ボールを奪ったらすぐに攻撃に転じる。プレーヤーたちは自分のポジションに固執せずに、ポジションチェンジを迅速適切に行う。それまでキーパーは、守備の最終要員としてだけ位置づけられてきた。しかし、キーパーもまた攻撃の重要な一員として、この戦術では位置づけられる。

このシステムの根本には、攻撃的なメンタリティがある。イタリアの有名な「カテナチオ」という戦略は、鍵をかけるように全員でしっかりと守る、というディフェンスのメンタリティに基づいている。その意味では、トータル・フットボールとカテナチオは対照的なスタイルだ。

各選手が自在にポジションをチェンジして、あらゆるヴァリエーションで攻めあげるスタイルは、スペクタクルな魅力に満ちていて、サッカーファンを熱狂させるものだった。それまでの戦術においては、ディフェンスはディフェンスというポジションに与えられた役割をこなすのがほとんどで、攻撃は攻撃陣に任されていた。ポジションは固定的であり、与えられた義務を遂行することが選手には基本的に求められていたのである。こうした固定的なポジションで戦うチームと、次々にポジションチェンジをしてフィールド全体のあちらこちらから全員攻撃を仕掛けてくるチームとが対戦したときに、スタイルの対照はくっきりとする。どちらが強いのかは、選手それぞれの力量にもよることだが、ゲームのスピード感や躍動感、そして美しさは、トータル・フットボールが優《まさ》っている。

選手相互のポジションチェンジは、その場の思いつきで適当に行われていたというわけではない。基本的なチェンジのシステムが膨大な練習量の中で身につけられていたのである。他のチームから見れば、まるでめちゃくちゃな動きをしているように見えたとしても、動いている当人たちは、実に明晰《めいせき》な意識でシステマティックにポジションチェンジを繰り返していたのだ。

トータル・フットボールを実践しているプレーヤーたちは、まさに猿飛佐助だ。あちらこちらに出没する。ディフェンスも攻撃し、フォワードもディフェンスする。こうした変幻自在なポジションチェンジは、一人が殺されてもまだ次に同じ技を持った猿飛佐助が出現するというイメージと実によく似ている。猿飛の術は、分身の術であった。まさに一九七四年のオレンジ色のユニフォームを着たオランダ・ナショナルチームは、オレンジ忍者部隊とも言える一種の忍者集団であった。外からはシステムが見えにくいが、内部では緻密《ちみつ》な移動のルールがチームに内在化した技とされている。猿飛の術というコンセプトは、分身の術に限定されるものではもちろんない。集団のスタイルをつくりあげている基本技のことである。このトータル・フットボールにおける猿飛の術は、この戦術そのものをよく理解し、それを現実に移すだけの身体能力やテクニックを身につけているということだ。

トータル・フットボールというのは、一つのコンセプトの発明だ。そのコンセプトに必要な戦術眼やテクニックがある。しかもそれは、一人だけで達成されるものではない。システムとして機能する必要があるので、ある程度同じレギュラーメンバーで時間をかけて、それぞれシステムを身体化させる。一人のテクニックが卓越《し》しているかどうかということ以上に、このコンセプトに従った戦術が各人の身体に染み込んでいるかどうかが決定的に重要なのである。

トータル・フットボールというスタイルは美しくスペクタクルであるので、観客には絶大な人気があるが、選手たちに要求されるものは多く、実行に移すのはそう容易《たやす》くはない。チーム全員にハイレベルの身体能力とテクニック、そして何よりも戦術眼が要求される。システムがまず優先し、その実現に向けてテクニックや戦術眼が要求されるという順序になっている。優れた個人の長所を組み合わせてチームを作るというのは、もちろんチーム作りの基本だ。

トータル・フットボールは、そうした面をもたないわけではない。クライフはこう言っている。「よい監督は、あるプレーヤーの短所を別のプレーヤーの長所でカムフラージュする」個人個人の力量を単純に足し算するだけではなく、組み合わせ方をうまくすることによって、各人の能力を最大限に引き出すのである。そしてクライフはまた、こうも言っている。「フットボールにおいて、話すことは、最も大切な要素のひとつである」サッカーでは、走ったり蹴《け》ったりすることももちろん大事だが、話すことも大事だと言っているのだ。実際ビデオをよく見てみると、クライフは始終いろいろな方向を指さし、声を出している。つまり、言葉でのコミュニケーションを通して、戦略をチームに浸透させているのだ。この「フィールドの指揮者」をやる能力こそ、クライフの天才の本質であり、トータル・フットボールというコンセプトが要求し育てた力だ。
ふつう技と言うと、個人の卓越した技術を思い浮かべる。しかし、トータル・フットボールにおける技は、高い戦術理解に基づいたポジショニングのよさに重点がある。これは身体能力以上に、頭脳が要求される技だ。クライフはこう言う。「サッカーは頭でするスポーツだ。ここぞという瞬間に、絶好の位置に自分を置く。早すぎても遅すぎてもいけない」「現役時代の私が他のプレーヤーに比べ特別な印象を与えているとしたら、それは読みの早さによるものだろう。人よりわずかに早くゲームの流れを先読みしてボールを追い、送るべき方向にボールを送っているだけなんだ。このような感じで全員がどのポジションをもこなせることによって、74年のワールドカップにおいて、オランダは旋風を起こすことができた。戦術に対する理解がトータル・フットボールを可能にしたわけだ」「鋭い洞察力と抜群のテクニックで、その時に一番ふさわしいポジションに瞬時に入ることのできる俊敏なプレーヤーだ。私のチーム、私の戦術が求めているのはそういう資質なんだ」(フリーツ・バーランド/ヘンク・ファンドープ著・金子達仁監訳『ヨハン・クライフ「美しく勝利せよ」』二見書房)
自分のポジションの仕事をこなすことはもちろんだが、フィールド全体に目を配り、チーム全体がうまく機能するような戦術眼を常にもっていることが、ここで求められる猿飛の術だ。

まず個人の能力があり、そこに技が加わり、それが組み合わさってシステムができる場合もある。しかしトータル・フットボールの場合は、まず攻撃的サッカーこそベストという美学・価値観があり、そのコンセプトが技を要求する。七〇年代、世界のサッカー戦術の主流が守備的なものになり、観客にとって退屈なものになってきていた状況の中で、クライフは「攻撃しない、美しくないサッカーにいったいなんの価値があるのだろう」とラディカルな問題提起をし、このコンセプトを体現したのである。

「規律のあるカオス」というシステム

クライフはトータル・フットボールの概念を、「すべてのために責任を果たしたうえでの自由」と言い、その成功を、「規律のあるカオス」とも言えるシステムに基づいて個々のプレーヤーが責務を果たしたおかげだ、といっている。「一見無秩序なシステムに感じられますが、実際は規律の上に成り立っていたのです。そして、その中ではフィジカルな条件よりもテクニックの条件の方が優先されていました。いつも攻撃をベースに戦っていて、相手よりもプレーヤーが多いように感じられましたが、実際はフィールドを縮小してプレーヤーお互いがコンスタントに助けあい、ポジションをチェンジしていたおかげなのです」（『ヨハン・クライフ』）

「規律のあるカオス」というシステムは、その規律を見抜くことができない相手にとっては脅威のシステムだ。フィールドの11人全体が一つの生き物のように伸縮自在に動く。この流れるような有機的なシステムは、戦術眼に支えられた素早いポジショニングとパスまわしのテクニックという基本技の共有から生まれている。

子ども時代からの一貫したコンセプトでの教育

トータル・フットボールのシステムにおいて注目すべきことは、システムの根幹にフィロソフィーや美学があり、そのシステムを習得する具体的な練習方法が子ども時代からでも実践可能だということだ。選手時代を過ごしたアヤックスをクライフは、再び監督としてマネジメントし、そこでも輝かしい成績を収めた。その際に行った改革として、子ども時代からの一貫教育がある。クライフはこう言っている。

「スポーツに関係して私が言ったことは、『プレーの基本となる原点への回帰』です。それは、下部組織でプレーを開始する一二歳からの、テクニックと、プレーのクオリティーのトレーニングを意味しています。それに加えて、組織、規律などを、一番下から一番上まで同じシステムで継続することが大切です。初期段階から教えなければならない基本的なコンセプトは、『ボールは君だけのものではない。チームプレーに徹すること。個人の能力はフィールドにおいてインテリジェンスを使って示せ』というものです」(『ヨハン・クライフ』)

十二歳頃からすでに、アヤックスシステムを身にしみ込ませ、基本的なコンセプトを徹底して覚えさせる。すると、ボールをとめて蹴る、ドリブルをするなどのサッカーの基本技術だけでなく、戦術が技化される。これぞ、サッカーにおける猿飛佐助集団だ。一つの技術の共有だけならば、他のチームも比較的簡単に盗むこともできよう。しかし、個々で共有されている最大の技は、常に自分のプレーを全体との関係で捉える戦術眼であり、それの要求する諸々《もろもろ》の技である。これは一朝一夕にまねできるものではない。そうではないからこそ、子ども時代からの一貫した教育が必要なわけだ。

この一貫した教育システムで育った選手は、たとえクライフほどの天才でなくとも、かなりのハイレベルで試合をコントロールできるようになる。自分のポジションに与えられた役割だけしか念頭にない選手と、常にシステム全体を意識する選手とでは、自ずとゲームをマネジメントする力に開きが出てくる。

トータル・フットボールというと、そうした完成したコンセプトと戦術がすでにあり、それをアヤックスやオランダ代表チームに適用したように思われるが、実際のプロセスは、そう単純なものではなかった。コンセプトをフィールド上で実現していくためには、日々のトレーニングの積み重ねが要求された。クライフは、トータル・フットボールをガウディのサグラダ・ファミリアのようなものだと言っている。つまり、一日で出来上がったわけではないということだ。コンセプトと戦術を提唱した監督のミケルスも、選手とともに、戦術、自己規律、テクニック、動きにおけるコーディネーションなどを一つずつ学び続けた。

トップの選手たちが試行錯誤して、トータル・フットボールというスタイルを練り上げていく。そしてその経験を教育システムに変換する。子どもたちは、トップの選手たちが集約的にこなしていった課題を、順序よく着実にこなしていくことになる。一貫した教育システムにまで変換したことによって、チームのレベルの高さは長期に亘《わた》って維持されることになる。そこまで作業を行っておかなければ、トップの最強チームが老齢化したときにすべてが失われていってしまう。それでは真に強い組織にはならない。トップの経験が他の組織の教育システムにしっかりと受け継がれ具現化されることが、強い組織の条件だ。

もちろん最終的には選手一人ひとりの才能が重要であるのは言うまでもない。しかし、こうしたシステムで育った者が個人の才能を圧殺されるということはない。全体の中での自分の動きの意味を意識しながらプレーすることは、サッカーという競技の本質であるからだ。

さてここまで、時代を画する明確なスタイルを組織・システムとして作り上げた典型例を、クライフのトータル・フットボールに見てきた。次に、日産自動車の経営者としてカルロス・ゴーンが実践したシステムについて見てみたい。

2．ゴーンのクロス・ファンクショナル・チーム

カルロス・ゴーンは、一九九九年に瀕死《ひんし》の経営状態の日産自動車にCOO（最高執行責任者）として着任した。一九九九年度の六八〇〇億円の赤字から収益をV字回復させ、翌年には黒字に転換させた。社長兼CEO（最高経営責任者）となった後、ルノーの社長兼CEOにも着いた。

ゴーン改革は当初はコスト・キラーというレッテルを貼《は》られていた。コストを切りつめることはもちろん経営の重要なポイントだ。しかし、ゴーンの行った改革は、もちろんそれだけではない。もっとも重要なことは、社内の意識改革であろう。長い伝

統がマイナスに働き、しがらみだらけになった社の雰囲気に、プロフェッショナルとしての意識を持ち込んだのである。自分たち一人ひとりの能力を全開させる。これが社員全員に求められた。

富井史郎（元日産常務）はこう言う。「ゴーンさんは各人の仕事とその内容をよく分かっていて、それぞれの仕事に関連する事柄をたずねてきます。そして、不十分だと思えば声をかけて各人の仕事や責任を思い出させてくれるのです」（カルロス・ゴーン著・中川治子訳『ルネッサンス――再生への挑戦――』ダイヤモンド社）。つまり、仕事に対する意識を明確にし、全力を出させるのがゴーンの得意技だということだ。

ゴーンの行った改革の中で、今回注目したいのは、クロス・ファンクショナル・チーム（CFT）だ。ゴーンは、どんな会社でも、最大の能力は部門と部門の相互作用の中に秘められていると言う。ところが現実には、各部門は相互作用が滞り、お互いに無関心であったり、弱点を指摘しあったりといったネガティブな関係になりがちであった。

CFTは、各部門の間のしがらみから離れ、超領域的な視野からディスカッションし、アイディアを練るチームである。ゴーンはCOO就任後二週間も経《た》たないうちに、購買、製造・物流、研究開発などテーマごとに九つのクロス・ファンクショナル・チームをつくった。各CFTは十人あまりのメンバーで構成され、議論をとりまとめるリーダーの役割として「パイロット」が示された。当初は、チーム・パイロットとメンバーにクロス・ファンクショナル・チームの効用を完全に理解してもらうことは難しかったという。というのは、各人が自分の職の範囲内で問題を扱うやり方に慣れていたからだ。他部門から来た人との話し合いの仕方に慣れるまで、はじめ時間がかかったが、徐々にスピードはアップした。

CFTは決断を下す組織ではなく、提案を行う組織であり、実際に決断を下すのは経営委員会とされた。三ヶ月間、日産リバイバルプランという再建の骨子をまとめる作業にCFTのメンバーは従事した。この間、チーム・パイロットとゴーンは数え切れないほどの意見の交換を行った。つまり、三ヶ月経ってプランを一つ提示するというのではなく、その間ずっとフィードバックが続けられたということだ。

このCFTという発想のおもしろい点は、各部門に分断されて会社全体を横断的な視野で見ることがあまりなかった社員たちに、マネジメント的な観点を身につけさせることになったという点だ。自分の現在の部署にだけいると、そこが世界のすべてになってしまう。ほんの小さな問題も、大きな問題のように勘違いをしてしまうことが多いし、反対に社全体に関わる大きな問題に対して鈍感であったりする。コップの中の嵐《あらし》のような主観的な大変さを各人が抱えるということもある。これはあまり効率的な状態ではない。社全体にとっての優先事項と各人の優先事項とをリンクさせる必要がある。

クロス・ファンクショナル・チームは、広い視野で社全体の先行きを見通すことを社員にも求めることになった。選ばれたメンバーは二百人ほどだが、そのＣＦＴに関わった人は他にも何百人といる。三ヶ月の間にしめて二千件のアイディアがＣＦＴでは検討され、信頼に足る現実的なリバイバルプランへと練り上げられていった。

物事の上達のコツは、一度教える側にまわってみるということだ。その方が広い視野で自分のやっていることを見直すことができる。普段は自分の部門の仕事だけで済んでいる社員が、突如社の命運を賭《か》けた計画にタッチする。そうしたチャンスを与えられた社員がどれほどのやる気になったかは想像に難くない。

これほどの営業不振にある会社がリバイバルプランを社会に対して提示することには、大変な責任が伴う。通常は、経営トップが行う仕事だが、ゴーンは、このリバイバルプラン作成を、全社あげての仕事にすることを狙《ねら》った。そのためにどうしてもクロス・ファンクショナル・チームが必要だったのだ。できるだけ広範なリバイバルプランを作成するために、様々な職域の人々を一つのテーブルに集めて、諸分野の問題

2005年新車発表会でのカルロス・ゴーン。

をすべて洗い出すこととした。

ゴーンの経営スタイルの一つの代表的なアイディアであるこのクロス・ファンクショナル・チームは、トータル・フットボールと通じるものがある。固定されたポジションの範囲内で自分の義務を遂行する。これが従来のやり方だとすれば、より各ポジション間の流れをよくし、ポジションチェンジも可能なように動く。全員が、全体に対する視野をもつ。一人ひとりがマネジメントする立場に立つということも共通している。

だから、トータル・フットボールという名前を、クロス・ファンクショナル・フットボールと呼んでもさほどの不都合はない。クロス・ファンクショナル・チームは、経営トップのように完全に各部門から離れてマネジメントだけを行うというわけではない。各人の本来のポジション（部門）はある。そのうえで、より自由な動きをシステム的に行う点でも共通している。

それに加えて、根本においてつながっているのは、攻撃的なスタイルを求めているということだ。トータル・フットボールは、守備と攻撃を分けずに、ボールを積極的に自分たちで塊になって奪いに行く。その時点ですでに攻撃になっているのである。そして、ポジションにとらわれずに、その時点時点で最適のポジショニングを各人がチームメイトの動きを見ながらとっていく。無駄を省きゴールに向かって意思を一つにする。そこに生まれるスピード感も両者の共通点だ。

日産の場合は、再建計画を出すのに、現実的にタイムリミットが設けられていた。赤字をそれ以上続けることができなかったからだ。ＣＦＴにおいては厳密なタイムテーブルがつくられ、デッドラインが設けられた。三ヶ月間全力疾走するように、スピードが求められた。塊になって非常に速いスピードで球回し（ディスカッション）をするイメージが両者のスタイルにはある。

もちろん会社経営とサッカーの戦術・戦略を同次元で語ることはできない。ここで注目しておきたいのは、クロス・ファンクショナリティというコンセプト自体が人々に技化されているということだ。「自分のポジションだけにとらわれるな」と言われても、人間なかなか広い視野でものを考えることはできない。きちんとしたシステムに組み込まれることによって、そうしたクロス・ファンクショナリティというコンセプトを理解し、自分の技として使いこなせるようになっていく。CFTに参加した社員は、それまでの社員とは違った幅広い視野での思考法をものにしただろう。また、トータル・フットボールに参加した選手は、そのコンセプトを自分の身体に技として組み込み、自分が指導者となったときにもそのスタイルを指導することになるだろう。

つまり、ここで共有されている「猿飛の術」とは、一つの技というよりも、クロス・ファンクショナリティというコンセプトそのものだ。そのコンセプトを試合や議論といった経験を積み重ねることによって、自分の技に変えていく。このプロセス自体が、組織を強くする。

一つひとつの試合や、CFTで出された一つのアイディア以上に、そこでメンバー一人ひとりにおいて育つ視野の広さが、より価値を持っている。常に全体の動きの中で物事を責任感をもって考えることのできる人物が多いほど、組織は強力だ。経営トップだけがこの能力を独占するケースもある。ワンマン社長のケースだ。トータル・フットボールやCFTは、フィールド上の監督を数多く生み出す。クライフは現役時代、すでにフィールドでの監督であった。CFTの「自動車関連事業チーム」のパイロットは、CFTについて「ゴーン社長を含むトップマネジメントに自分たちの考えを根回しなしに直接提案できる点がユニーク」だと言っている。従来のしがらみを脱却した、このダイレクトな経営への参画意識が、社員に活気を与える。

CFTは社員教育であると同時に、見方を変えると、ゴーンの社内での味方づくりのうまいアイディアにもなっている。自動車経営開発研究所の吉田信美所長（当時）は、ゴーンを戦略的な知将と言う。「日産の多くの若手社員と話すことで、優秀な人材がいると早くから見抜いた。彼らをゴーン信奉者として味方につけることで、ゴーンイズムを末端まで広めたわけです。コスト削減を振り回すだけでは社員はついてこないことは、ルノーで猛反発を食らったベルギー工場閉鎖で十分に学んだはず」（『AERA』二〇〇〇・一一・二〇号　ゴーンマジック　日産まさかの急回復　宿題攻めで社員操縦）

クロス・ファンクショナルな視野をメンバー全員に身につけさせ、そのうえで経営トップとCFTの間の意思疎通《そつう》をよくする。そのプロセスを通じて、アイディアが練られるだけでなく、ゴーンの経営スタイルが浸透していく。これは、トータル・フットボールで言えば監督のミケルスが経営トップのマネジメントで、フィールド上の指揮者であるクライフがパイロットに当たると言ってもいい。パイロットを務めていたクライフはやがて監督になり、自分でトータル・フットボールをマネジメントするようになった。そして、そこで育ったライカールトたちも監督へと現在成長している。先のワールドカップで大躍進した韓国代表チームの監督ヒディンクもまた、ミケルスの後継者である。オランダからは優れた選手が次々と輩出されているが、注目すべきは、選手だけでなく次々に名監督も輩出しているということだ。これは偶然ではなく、トータル・フットボールというスタイル自体が、マネジメント能力を要求する戦術だからだ。選手にせよ、監督にせよ、このスタイルに関わる者は、戦術眼を鍛えられざるを得ない仕組みになっている。

カルロス・ゴーンの評価は、サッカー選手のクライフのように絶対的なものでは未《ま》だない。しかし、倒産寸前の日産をV字回復させたことは事実である。日産のこれからを見なければ確たることは言えない状況ではあるが、CFTに参加したやる気に溢《あふ》れる若手・中堅社員たちは、そこで身につけた広い視野でのマネジメント感覚を今後の仕事に生かしていくと想像する。

優れた人物が一人出るだけならば、組織の力とは言えない。しかし、次々に優れた人物が輩出されるとなれば、それは組織自体に教育力があると見ることができる。それも単に教育システムを充実させるというだけでは、そこまでの成果はなかなか上げることはできない。現実の試合や経営といった実地訓練を通じての教育が、もっともパワフルだ。クロス・ファンクショナリティという「猿飛の術」を技として共有した者が多い組織は、当然組織全体のマネジメント力の総量が上がる。トータル・フットボールにせよ、CFTにせよ、こうしたクロス・ファンクショナリティが、実際に各人において身につけられ技として機能するまでには、修練が必要だということである。猿飛の術が体術であり、日々の修練を要求した事情とこれもよく似ている。闇雲《やみくも》な修練ではなく、基本技を共有するという明確な見通しをもったうえでなされる修練である。

本講では、具体的な一つの技の共有という枠を越えて、ポジションや機能にとらわれずに全体的な視野をもって動く力それ自体を技としている例を二つ見てみた。このクロス・ファンクショナルな力は、高度ではあるが、現在多くの領域で切実に求められている力だ。アヤックスシステムのように、十二歳から鍛えていってもいい「猿飛の術」だと思う。

第2講のまとめ

1. トータル・フットボールは「ガウディのサグラダ・ファミリア」に喩《たと》えられる。
2. 理想的な組織では、個人が全体を横断的な視野で見る目を持っている。
3. 全体の中で、責任をもって考えることができる個人が多いほど、組織は有機的になる。

第3講

世界的音楽家を輩出した齋藤メソッド

子供を指導する齋藤秀雄。　写真・桐朋学園大学音楽部門所蔵

1．日本クラシック界を世界レベルにした猿飛の術

現在日本のクラシック音楽界は世界レベルにある。指揮者の小澤征爾《おざわせいじ》をはじめとして、ヴァイオリニストやピアニストなどの演奏家においても世界トップレベルの人材を次々と輩出している。この現在の状況は、偶然に出来上がったものではない。その礎《いしずえ》には、一人の偉大な音楽教育家齋藤秀雄の異常なまでの情熱に溢《あふ》れた教育がある。

齋藤秀雄とともに「子供のための音楽教室」を主宰した現在音楽評論家の吉田秀和は、こう書いている。「彼の指導を受けた指揮者、チェリストその他で、優秀なキャリアを持つ者は数えきれないほどだ。木はその実を見て、良否を知る。良い弟子を多く育てた師こそ、正に良師なのだし、齋藤こそ偉大な師と呼ばれるにふさわしい存在だった。日本は今や世界有数の音楽家生産国になった。これは齋藤ひとりのつくったものではないけれど、彼がいなかったら、日本の今日の姿はひどく違っていたろう」

(民主音楽協会『齋藤秀雄・音楽と生涯』)

齋藤の行った仕事は、まさに天才を生む組織作りであった。齋藤自身は、日本ではトップクラスのチェリストであり指揮者であったが、世界レベルとは言えない水準であった。そのことは、齋藤自身が強く認識しており、それだからこそ日本のクラシック音楽界を世界的なレベルに引き上げるために心血を注ぎ続けた。

齋藤は、教育の方法に大変工夫を凝らす人であった。その工夫は、知らない者から見ればあたかも忍術のようなものであり、しかも齋藤秀雄の門下生の間ではその術が共有されていた。その意味では、まさに猿飛の術が日本のクラシック界に生み出されたのである。西洋音楽の伝統のない日本において、世界的な音楽家を育てるためにはどうしたらよいのか。この大課題を前にして、齋藤秀雄は齋藤メソッドと言われる明確な方法を次々と編み出していった。

結論を先取りして言えば、齋藤秀雄のやり方は、日本人が欧米の水準に追いつき、世界のトップに立つための具体的戦略の典型を示している。そこには、日本文化の代表的な財産である「型」の考え方と方法論が結実している。素晴らしい先行者の仕事を徹底的に分析し、その長所を絞り込み、その分析の成果を教育のメソッドに変換していく。このプロセスには、膨大な思考が費やされ、工夫が詰め込まれた。しかし、その結果出来上がったメソッドは、複雑で不透明なものというよりは、むしろシンプルなものである。そのシンプルなメソッドを徹底的に反復練習し、技とするところに齋藤メソッドの特徴があった。それまでの日本音楽界には存在しなかった、音楽上達への「型」を創出し、それを実践することによって世界的「奇跡」と呼ばれるほどの実績を残した。齋藤秀雄の仕事を見ると、天才と呼ばれる人間が偶然に生まれてくるのではないということがよくわかる。優れた伝統がいくつか織り合わされたところに天才が育つ。一人だけ力が飛び抜けているように一見見えたとしても、その下にはピラミッドのように多くの人々がいる。齋藤秀雄は、早期教育の徹底により天才的な音楽家を多数生みだしたが、自分自身はむしろ底辺の拡大、底上げを主な目標としていた。齋藤秀雄の教え子たちは座談会でこう言っている。

「千本　習ったかというより才能教育とか最初言われたでしょう。そうじゃないんですよね。ぼくらみたいに才能のないのを、とにかく先生は十人なら十人、自由なまともな演奏家にするために一生懸命教えてくださった。だから、才能教育じゃないんです。ひとりずつ教え方も違ってたしね。

小澤　この間、吉田秀和先生と珍しく対談したの。その中で、齋藤先生はどういう先生かという話が出て、ぼくはこう言ったの。齋藤先生は、ぼくにもこう言ったことがある。教師というのは、たとえばピラミッドがあって、その頂点の優秀な人を教えることよりも、ピラミッドの底辺を上げることにすごい興味があると。それが齋藤先生のひとつの方針、哲学だったんじゃない？

秋山　たとえば、昔、指揮教室という形で先生の教えるシステムがあったでしょう。桐朋《とうほう》の指揮科の生徒ということに全然限定しないで、とにかく、全国津々浦々、指揮を齋藤先生に習いたいという人をみんな受け入れていたわけね。その人たちが第一級の指揮者になるかどうかというのは、本人次第、才能次第だけど、ともかくその底辺を広げるということだ。齋藤秀雄に習って、地方に帰ってコーラスの指揮でもいいし、小学校のブラス・バンドの指揮でもいい、それで音楽を通じて一人でも多くの人に教えたいという……。ぼくなんかは、自分が指揮者になれると思うなよと言われてね。(笑)　みんな同じにわけへだてなく教えるんだ」(『齋藤秀雄・音楽と生涯』)

まさに教育者である。齋藤秀雄は、徹底した音楽の基礎教育を行った。技術として音楽を捉《とら》え、徹底的にそれを技化するよう教育した。しかし、彼が伝えたものは単に技術には留まらなかった。その神髄は、齋藤の死後、世界的にも稀有《けう》なサイトウ・キネン・オーケストラという形で表れた。そこには音楽へのあこがれの魂の伝承があった。

2. 「齋藤共通語」

サイトウ・キネン・オーケストラは、齋藤秀雄の死後、齋藤を偲《しの》ぶ形で、教え子たちが集まり結成したオーケストラだ。小澤征爾が中心となり、毎年夏、長野県松本市でコンサートを開いている。齋藤秀雄がつくり指導した桐朋学園オーケストラ出身の一流演奏家が世界中から集まってくる。そのレベルの高さは奇跡とも呼ばれている。恩師を偲んで、教え子たちが同窓会のように毎年演奏するという世界的にも珍しいスタイルのオーケストラである。

はじめは、「齋藤秀雄メモリアルコンサート」であり、齋藤秀雄没後十年に当たる一九八四年の九月に演奏会が開かれた。作曲家の林光は、このコンサートを祝祭的という言葉で表現している。

「故齋藤秀雄の薫陶《くんとう》をうけた、『桐朋オーケストラ』の出身者たちが、海外からの駆けつけ組も含め、百人あまりも集まって、久し振りにオーケストラを組むという、祝祭的気分に満ちたコンサートだ。

一曲目の、モーツァルト『ディヴェルティメント　K１３６』では、数十組の『弦楽四重奏団』が一堂に会したかと思わせるパワフルな音が、鳴りひびく。大半が、世界で通用するソリスト級の、選り抜きの『桐朋オケ』っ子たちが、かつてその誤差0コンマ00いくつといわれた『精確度』とパワーをそのまま再現するのだから、まさに祝祭としかいいようがない。（中略）

遺影ひとつ飾られるわけでもなく、弟子たちの奏《かな》でる音楽だけがあった。世俗の栄誉に飾られず、ただ、この弟子たちの活躍が栄誉のしるしである齋藤さんに、ふさわしい祝祭だった」（小澤幹雄編著『松本にブラームスが流れた日　小澤征爾とサイトウ・キネン・オーケストラ』新潮社）

音楽学校の同窓生たちが集まって、先生を偲んで懐《なつ》かしくコンサートをするというだけのレベルでは到底なく、世界トップクラスのオーケストラができあがった。短時間の練習でこれほどのまとまりを見せた背景としては、「齋藤共通語」と呼ばれるものがある。教え子たちは、皆音楽の解釈の仕方や、演奏の仕方、あるいは遅刻を絶対にしないといった生活態度にまで、齋藤秀雄の教育をたたき込まれている。齋藤秀雄はよく怒り、子供や学生たちに恐れられていた。教え子たちは畏怖《いふ》の念を持って、様々な音楽的基礎やルールを身にしみ込ませ、技化させていった。これが教え子たちの言う「齋藤共通語」だ。

齋藤秀雄は実に細かいところまで注意をする。指の微《かす》かな動かし方から話し方まで、様々なレベルに及ぶが、そこには一貫してプロとして通用する音楽家を育てるという思いが流れている。行動の細かな習慣の集積がスタイルを形作る。それを技化した者同士が集まれば、ただの寄せ集めのメンバーでは出てこない、特徴あるスタイルが出てくる。まさにそのスタイルは齋藤秀雄の身体から生み出されたものだ。

リーダーの小澤征爾は、はじめのメモリアルコンサートについてこう語っている。

「練習始めて二十分ぐらいして、みんなの気持がファアーッとひとつになって齋藤先生が教えてた時とまったく同じ音が出たんだ。モーツァルトのディヴェルティメントの第二楽章なんて、先生がそこに立っているんじゃないかと思ってゾっとするくらい同じ音がした。何十年もみんな違うところで仕事してるし、だいいち先生からみな別々に教わった筈《はず》なのに、先生の教えたエッセンスだけが出てきたということは先生の教えが筋《すじ》が通っていたこと、ぶっ叩《たた》いて形にはめこむのではなく一人ひとりに理解させて、みんなに音楽させるところまで教えていたということが実証されたんだと思う」

(『松本にブラームスが流れた日』)

ふだんは各地でバラバラに一流の演奏家として演奏している者たちが、練習を始めて二十分ほどでかつてとまったく同じ音を出す。しかもそこには皆齋藤秀雄の幻影を感じている。齋藤秀雄の教育のエッセンスが自分たちの身体に流れ込み定着していることを、改めて再認識する場となった。技化するということは、このように身体に染《し》み込み、自分でも気づかないほど深いレベルで学習が起こっていることだ。いざというときにはそれがいつでも出てくる。

根底にあるのは、一音一音に情熱を込めていくという齋藤秀雄の音楽に対する熱い構えである。最初のメモリアルコンサートで、恩師の偉大さとこのオーケストラのオリジナリティを確信したメンバーは、サイトウ・キネン・オーケストラとして定期的に公演をすることにした。松本だけでなく、世界中で公演をし大反響を巻き起こした。この反響について、小澤征爾はこう言っている。

「むかし齋藤先生が言っていたのが本当だったということを再、再確認できた。この演奏会の熱狂的な成功が、ただの熱気だけから来ているのではなく、音楽的な裏づけがあることが判《わか》ってとてもうれしい。

むかし先生は、技術だけを教える、アンサンブルを教えすぎると批判された。なにしろシャコンヌを半年もかけて練習する。それこそチェリビダッケの十倍ぐらいやった。ところが、いま僕らが何を教わったかを考えてみると、みんなが心の底に先生の音楽に対する深い愛着とか、音楽とは、結局生きている人間の表現の芸術である、と

夏合宿での合奏練習。指揮棒を振っているのは齋藤秀雄。
写真・桐朋学園大学音楽部門所蔵

いうことが植えつけられている。先生はそんなことはひと言も言葉では言ったことなかったのに。
今から考えると、先生は何もわからない日本の子供たちにどうやったら音楽を教えられるかを判っていたんだ」（『松本にブラームスが流れた日』）
団員たちは、同じ桐朋学園の先輩後輩ということで二十年も三十年も年の離れた者が横のつき合いができることは、欧米では考えにくいことだと言っている。世界的チェリストの堤剛《つつみつよし》は「それは桐朋学園で齋藤先生が皆にオーケストラをやらせてきたせいかもしれない。年齢に関係なく、同じ道を目指す音楽家としての人間同士の付き合いが出来る齋藤秀雄セオリーが育ててきた桐朋学園精神があるからだ」（『松本にブラームスが流れた日』）と言っている。

つまり、齋藤秀雄のスタイルの強さは、セオリーの中に精神が生きているということだ。情熱や理念、あるいは精神を伝える教育者はいる。しかし齋藤秀雄の場合は、極度に分析的に音楽を捉え、独自のセオリーを編み出していった。精神を直接語るだけではなく、セオリーを技法にまで突き詰め、それを技化するプロセスを通じて、音楽する精神を伝えようとした。ここには理論と実践、あるいは精神と技術といった二極対立はない。すべてが相まって相乗的に向上していかなければ到底世界レベルには達しないというのが齋藤秀雄の考えであり、スタイルであった。

齋藤の細かく注意してきた行動習慣の総体が、いわば齋藤式の猿飛の術である。齋藤の教え方には癖がある。もちろん子どもたちの悪い癖を直そうとする指導法なのだが、齋藤秀雄という人間の癖は出ている。それはただの癖ではなく普遍的なものでもある。いわば技化された癖を、教え子たちは自分の習慣となるまでに反復練習をする。ここに普遍性がなければ大変危険なことだ。しかし、音楽に対する正確な分析によって生み出されたセオリーは誤ってはいなかった。個人としての個性だけではなく、桐朋学園オーケストラで育った者たち同士が共有できる「猿飛の術」を齋藤は身につけ

オーケストラ合宿。北軽井沢長野原第3小学校にて。
写真・桐朋学園大学音楽部門所蔵

させた。まさにこのことは、オーケストラというスタイルが要求する基本でもあった。

3. 音楽の文法によるアンサンブル

齋藤秀雄門下生は、まさに忍者集団とも言えるような質の高い技能を習得した。しかもその中核には「猿飛の術」とも言える齋藤メソッドがあった。齋藤メソッドの根幹にある思想として、音楽を言語として捉え、音楽の文法を作り出すというものがある。

音楽の文法。現代の人間が想像を働かせれば、音楽にも文法と呼べるものがあるだろうということは理解できる。しかし、戦前から戦後にかけての時期のクラシック界においては、非常に斬新《ざんしん》な考え方であった。齋藤秀雄は、各国の作曲家の作品を、その作曲家の母国語と関係づけて捉える視点を強調した。音楽を言語との深い関連のもとに捉えるとともに、音楽自体を言語として捉えようとした。声楽家の伊藤武雄はこう言っている。

「桐朋学園の始まったばかりの頃、座談やレッスンなどで、齋藤さんはよく英文法の話を引用し、『音楽も言葉と同じで、主語あり、動詞あり、形容詞ありで、文法と同じに分析できる』と話しておられた」（『齋藤秀雄・音楽と生涯』）

音楽の解釈に英文法を用いるというのは、大変ユニークな発想だ。情緒的に捉えられがちな音楽を、文法のようなきっちりとした論理にあてはめて分析していく。こうした論理的分析的な研究姿勢は、齋藤スタイルの際立《きわだ》った特徴となっていた。音楽の文法を研究するということ自体は普遍的であるが、英文法の考え方を応用して音楽を解釈するという齋藤のやり方には、齋藤固有の偶然的運命も関与している。

齋藤秀雄の父齋藤秀三郎は、日本で初めての本格的英和辞典をつくった日本を代表する大英語学者であった。正則英語学校の創立者でもある秀三郎は、熟語を中心として英文法を徹底的に分析した。著書は二百冊以上に及び、日本の英語教育の基礎をつくった。

教え子たちが「齋藤共通語」と呼んだように、齋藤の教育はいわば言語の基礎となる文法の教育であった。父秀三郎は単なる英文法学者ではなく、『実用英文典』という名が表すように、実用を意識した学者であった。生きて働く言語の習得を目指し、それを母国語としない者が最短距離で基礎を身につけることができるようにと研究したのである。これはまさに齋藤秀雄がクラシック音楽を日本に根付かせようとしたときにとったスタイルに他ならない。西洋音楽の伝統を持たない日本人が、それを最短距離で身につけるには、何となく自然に学習しているというのでは間に合わない、文法をきっちりと押さえることが最短距離だと秀雄は考えたのである。英語を母国語としないからこそ、秀三郎は欧米の英文法学者が気がつかなかった現在完了の解釈を編み出した。それと同じく、西洋音楽の伝統を持たないが故《ゆえ》に、より文法に意識的にならざるを得ないという、弱点をアドバンテージに切り替える強さを、齋藤秀雄も持っていた。

それが典型的に表れたのが、『指揮法教程』である。

齋藤秀雄はチェリストとしてスタートしたが、やがて指揮の研究に入る。NHK交響楽団の前身である新交響楽団の指揮者として来日したローゼンシュトックに習っているうちに、指揮の運動を分類する発想を得た。英文を五文型に分けるように、指揮の運動を七つの運動に分けた。それは叩き（打法）、平均運動、しゃくい（すくい）、瞬間運動、先入法、撥《は》ね上げ、引掛けである。この七つの基本運動を徹底的に反復練習して身につけることによって、その組み合わせやヴァリエーションによって指揮のほとんどがカバーできると考えたのである。

指揮の仕方の指導の中でも、『指揮法教程』は非常に特異なものであった。指揮を一度完全に身体の運動として捉え、その基本運動を「型」として煮詰めた点にオリジナリティがあった。

小澤征爾は『ボクの音楽武者修行』（新潮文庫）の中で、齋藤秀雄の指揮のメソッドは、「基礎的な訓練ということに関してはまったく完璧《かんぺき》で、世界にその類をみないと、ぼくはいまでもそう思っている」と言っている。どんなオーケストラへいってもアンサンブルを必ず整えることができるという自信を持っているのも、この齋藤秀雄のメソッドのおかげだと言っている。

この指揮法のおもしろいところは、いかに力を抜くかという点にある。指揮に技術があるということを、はっきりと型で示して見せたのが、齋藤の指揮法だ。力を抜くことができないと、空中の一点を指し示す叩き（打法）ができないという。その練習はまるで武道芸道の型の訓練そのものであり、一種の体操でもある。十六年間齋藤とともに過ごした指揮者の秋山和慶はこう言っている。

「始めは体操の練習です。三カ月間、叩きばかり。立って並んで腕の力が抜けたかどうか、力を抜いて下に落ちる感覚を覚える。落ちた瞬間に力を入れて跳ね上がる。人間は訓練しておかないと瞬発的な力が出ない。固いフォルテシモのとき、アタックで強い音が欲しいときに、指揮の棒が甘いとぼわっとした鈍い音になってしまう。それで、弾けねえよ、甘い棒じゃ、なんてオーケストラから言われることになる。速く力が抜けるまでには無限の間がある。それを、音楽やアクセントの種類によって使いわけるのです」（中丸美繪《なかまるよしえ》『嬉遊曲《きゆうきょく》、鳴りやまず』新潮文庫）

三ヶ月間、力を抜いて腕が重力の力で自然に落ちる感覚を身につける。これは武道の鍛錬を思い起こさせるとともに、野口三千三《みちぞう》の野口体操をも想起させる。野口体操は、からだの無駄な力を抜き、重力を感じるというところに本質があった。力を抜くことは意外に難しい。そのためには練習が必要なのである。これはスポーツでも同様だ。力を入れるためにではなく抜くためにこそ訓練が必要だという発想は、もともとヨガの発想である。からだの無駄な力を取り去り、自然な無駄のないからだの状態や動きを獲得し、技とする。東洋の身体技法は、多くのものが脱力の技法とともにある。そしてその脱力の技法は、呼吸とくに息を吐くことの技術とセットになっている。その意味では、齋藤秀雄の指揮法は、まさに東洋の身体技法の大きな伝統を汲《く》むものでであり、身体の動きと呼吸とを連動させて捉《とら》えるものであった。

空中のある一点を指し示すのに毎回動きが違っていては、オーケストラの団員のタイミングが狂ってしまう。機械のように正確に何度やっても同じリズムで動きができなければいけない、齋藤はそう考えた。これは、武道における技の考え方と同じである。できたりできなかったりというのでは、技とは言えない。何度やっても同じ動きが確実にできなければ、生死をかけた戦いのときには役には立たない。確実に同じ動きができるようにするためには、万単位の反復練習がどうしても必要なのである。その反復練習の重視という観点においても、齋藤は技や型の考え方の伝統を引き継いでいると言える。

当時世界中を見渡しても、これほど指揮を技として捉える指導法は見あたらなかった。それだけに、指揮の基本運動を徹底的に技化した者たちは、自分たちだけの「猿飛の術」を身につけることになった。世界で勝負していくための強力な武器を手に入れたということだ。世界で戦うための武器を具体的な技として授ける。これが齋藤の仕事であった。

4．天才を育てる組織「子供のための音楽教室」

　齋藤秀雄自身は、チェロを十代の半ばから始めたために、指の関節が硬くて動きにくいといった弱点を感じていた。音楽において一流を目指すのならば、幼い頃からの早期教育がどうしても必要だという認識を齋藤は強く持った。それを個人の一対一の教育にするのではなく、組織として行おうと考えた。それが「子供のための音楽教室」である。昭和二十三年九月に書かれた子供のための音楽教室の宣言にはこうある。〝なるべく小さいときから正規の教育を始める。聴音教育を行って、正しい音感を育てる。順を追って理論や知識を組織的に教える。演奏の様々なスタイルを区別し、各生徒が自分に本当にピッタリしたスタイルで音楽する力をつける。個人演奏だけでなく、合唱、合奏の訓練をする〟などである。吉田秀和を室長とし、井口基成《もとなり》、伊藤武雄、柴田南雄《みなお》といった一流の音楽家が齋藤の考えに賛同し協力した。

　後の世界的ピアニスト中村紘子《ひろこ》は、最年少の四歳で参加していた。まさに寺子屋のようにこぢんまりとした家族的な雰囲気で教育が行われた。子どもたちは四歳から十二歳で年齢や男女の区別はなく、実力主義が貫かれた。幼稚園児と中学生が同じクラスになることさえもあった。

早期音感教育の実践が一つの柱になった。和音の聴き分けなどは、その後大変高度なレベルに達し、素人《しろうと》から見れば一種の超能力のような音感のいい子供が育っていった。この聴音教育も一つの猿飛の術である。

齋藤は、音感訓練に役立てるために、音程測定器までも開発した。あるいは、ピアノ科の生徒のレッスンのために、指の訓練をするための道具も開発している。技法だけでなく道具を工夫して開発する、そうしたいわば発明の才が齋藤秀雄にはあった。猿飛の術を身につけるための練習メニューのようなものだ。

天才は何もないところから生まれて来るものではない。しっかりとしたカリキュラムや工夫のある場から生まれてくる。子供のための音楽教室で育った生徒が成長するにしたがって、桐朋学園を中心として、中学校高校大学へと音楽科が設立されていく。そこでのカリキュラムは、世界で通用する音楽家になるためにどうしても必要なものという観点から導き出されたカリキュラムであった。天才を生む組織とは何かという問題を考えるときには、このカリキュラムの構成力という点を見逃すことはできない。設備だけではなく、練習メニューやカリキュラムをいかにつくるかというところに組織の善し悪《あ》しがかかっている。

効果的な練習メニューを工夫し、体系的に組み立てる。このことに齋藤秀雄は情熱を傾けた。自分自身が習った先生からの教えをそのカリキュラムの中に注ぎ込んでいった。天才を育てるためには、いわゆる組織やシステムだけでは足りない。もっとも大切なものは、強烈なあこがれと情熱を伝えることだ。ただしそれは、お説教という形だけではない。具体的な技の鍛錬を通して、そのようなあこがれと情熱を伝承していくのである。それを一対一の一子相伝的な関係ではなく、教室や学校という形で行い得たところに、私たちが齋藤秀雄に学ぶべき点がある。魂を伝えるカリキュラムづくり、これが天才を生む組織には不可欠の要素である。

第3講のまとめ

1. メソッドは、シンプルで徹底的に反復練習しえるものでなければならない。
2. カリキュラムを巧みに構成することで、子供の才能は、驚くほど引き伸ばされる。

第4講

奨励会というスーパー教育システム

羽生善治と村山聖。1998年NHK杯決勝にて。
写真提供・日本将棋連盟

1. プロ意識が天才を磨く

どこの世界でも、プロと呼ばれる人たちの技量は、アマチュアよりは数段高いのが普通だ。しかし、プロといっても様々ある。たとえば、歌手の場合、歌を歌ってギャラを稼いでいるからといって歌の技量が高いとは限らない。学問の世界でも、大学教員であることが研究者としての技量を必ずしも保証はしない。試験や資格のない世界では、自分が作家だとかコピーライターだと言えば、内実はともかくもそう名乗ることができる。コーヒーのまずい喫茶店、ラーメンのまずいラーメン屋も現に存在する。こうした世の中で、真のプロ中のプロと言えるのが、棋士の世界だ。

将棋の世界で言うプロとは、日本将棋連盟の四段以上であり、彼らを「棋士」と呼ぶ。アマチュアの段位とは別のものだ。四段以上の棋士には、新聞社やテレビ局との契約料として連盟に入る収入が分配される。これが棋士の主な収入源になる。

将棋の世界は、信じられないほど完全な実力主義だ。誰の息子であるとか弟子であるとかいったことは問題にならない。相互にひたすら勝負を繰り返し、その成績で昇級昇段が決まっていく。名人一人を頂点として、A級十人、その下にB1、B2、C1、C2と続いている。完全なピラミッド組織だ。

大相撲の世界も何勝何敗という成績が番付を決めていく実力主義の世界だ。しかし、棋士の世界には横綱審議委員会のような曖昧《あいまい》な組織は存在しない。A級のリーグ戦での優勝者が名人と七番勝負をするのだ。名人はこれに敗れれば次年度にA級順位一位となる。実に明確かつ厳しい競争社会だ。

徳川時代には、名人は家元制度であり、実力制ではなかった。明治、大正時代にもその家元制度は続いていたが、大正十年に十三世名人となった関根金次郎が、自ら終身名人を放棄し、実力名人制への道を開いた。昭和十二年から二年がかりで第一期実力名人位の争奪戦が行われ、木村義雄が初代の実力名人となった。この実力制名人の制度によって、将棋界は近代化された。天才が磨かれる組織となったのである。

将棋や囲碁の世界でおもしろいのは、たとえ小学生であっても強ければきちんと先生として尊重されるというところだ。もちろん本当のプロは四段からだが、師匠の内弟子に入ることでプロの世界に小学生でもなじむことがある。昭和四十五年生まれの先崎《せんざき》学《まなぶ》八段は小学生のときに米長邦雄《よねながくにお》永世棋聖の元で内弟子生活を送っている。将棋連盟主催の小学生名人戦にこの先崎君が出たいと言ったときに、米長師匠は止めた。「プロ棋士の私に弟子入りしたお前は、もうプロなんだ。アマチュアを喜ばせるのがプロである。いかに将来有望な小学生が集まっていようと、その中にプロを目指す者がいようと、それはアマチュアの大会なんだから、お前は出てはならない。お前はプロの道を行くんだから、アマチュアの大会に出てはならない」という話をしたそうだ。(米長邦雄・羽生善治《はぶよしはる》『人生、惚《ほ》れてこそ』クレスト社)

小学生のときから徹底したプロ意識を植えつける教育法だ。師匠に弟子入りした時点で、すでにプロ意識が植えつけられる。野球の世界では、プロ野球選手に直接小学生が弟子入りするというシステムや慣習はない。大相撲には、中学卒業と同時に新弟子検査を受け部屋に入門するシステムがある。近代的な競争システムを取っている一面で、師弟関係という前近代的な制度・慣習を維持しているのが将棋の世界だ。

子どもの頃から植え付けられるプロ意識が、天与の才にいっそう磨きをかける。プロ棋士の予備軍である奨励会は、完全に公平な競争原理に立った現代的な組織だ。その組織を見る前に、将棋界に残る習慣である師弟関係を見ておきたい。

2. 師弟関係という不思議なシステム

将棋の世界の師弟関係は奇妙なものだ。師匠だからといって将棋を教えるとは限らない。むしろ直接手取り足取り教えないのが将棋界では一般的だ。大山康晴《やすはる》十五世名人は九年余りに亘《わた》る内弟子生活で一度も師匠に対局してもらえなかったという。こうした一見不思議な師弟関係の大本にある考え方は、将棋の技術はすべて自ら学ぶものだということだ。

現在ではかつてのような内弟子生活をする子どもは少ない。奨励会には、プロ棋士の推薦が入会に際して必要なので、必ずプロ棋士の誰かの門下に入る。しかし形式的な関係であることもある。昭和の将棋の全盛時代を築いた升田《ますだ》幸三と大山康晴は木見金治郎門下の兄弟弟子だ。大山は当時の内弟子生活を次のように書いている。

「内弟子生活は、掃除から使い走り、犬の散歩から道場の駒磨《こまみが》きということで、一日が暮れていくのが常であった。プロ棋士は、入門しても師匠から将棋は教わらず、毎日の生活のなかで、肌からしみこませるようにして将棋を覚えていく。

師匠や兄弟子の生き方を見て、プロ棋士の世界とは何か、プロの生活とは何かを考

将棋大会で記録係りをつとめる将来の名人、大山康晴少年（1935年）。
写真提供・毎日新聞

え、そうした日々の営みのなかで、将棋の技術を身につけていく。それが、十二歳の私が知ったプロ棋士の修業というものであった。

少年の日から、一人で考え、一人で学びとることを身につけた。それが、どんなに大切なことであるか、年を経るとともにわかるようになってきた」（大山康晴『勝負のこころ』ＰＨＰ文庫）

プロ棋士とともに生活をし修業することで得ることのできるもの。それは将棋の技術以上に、己に打ち勝つ精神力だと大山は言う。肌から染《し》み込むようにして覚えた将棋は、頭で将棋を覚えた戦後の若い人には負けない、そうした強みがあると大山は考えていた。何しろ昭和四十七年に中原誠永世十段に敗れるまで通算十八期という超人的な名人在位記録を持つ大山の言葉だけに、単なる精神論とだけ受け取るわけにはいかない。現在ではこうした厳しい内弟子生活は合理的でない面が多いであろうが、この当時の師弟関係が自立心を鍛えるものであったことは確かだ。何しろ自分から盗まなければ何も上達しないのだ。

師弟関係という一見古くさいシステムが、天才を磨く砥石《といし》になることもある。将棋界の奇妙な師弟関係の中でも、感動を呼び起こす不思議な師弟関係が、村山聖《さとし》と師匠の森信雄の関係だ。この二人の関係は大崎善生『聖の青春』（講談社文庫）に詳しい。村山聖は、重い腎臓病を抱えながら命がけで将棋を指し、東の羽生、西の村山とも言われ、最後は最高峰のA級に在籍したまま平成十年二十九歳で癌《がん》のために亡《な》くなった。師匠の森信雄は、重い病にもかかわらず凄《すさ》まじい将棋への情熱と才能を持つ村山の世話をし続けた。パンツを洗ってやったり、コンビニに買い物に行ったり、村山の好きなコミックを探して歩いたりした。普通の師弟関係では考えられないような世話の仕方のようにも思えるが、将棋における師匠の役割は、将棋の技術を対局しながら教えるというよりも、生き方や生活面の指導をするところにあるので、そうした伝統の中にこうした師弟関係も連なっている。もっともこの二人は、森のアパートで生活も共にし、村山の髪を森が洗ってあげることまでしていた独特な関係だ。

いかに才能があっても天才は一人で天才になるものではない。周りの環境や出会いが大きな影響を与える。常に将棋のことを考え語り合う雰囲気が、師弟関係のよさである。森と村山の二人は、森の部屋で詰め将棋や「次の一手」の検討をした。

「師匠が何時間もかけて創《つく》った問題を、弟子がつぶす。しかし、つぶされてもつぶされても森は決して諦《あきら》めない。ひどいときは10題見せて、9題つぶされたこともあった。詰将棋もそうだが、作者は自分が考えた作意に酔い、そこにロマンを見つける。その作意が巧妙であればあるほど、そこには数々の盲点が待ち構えているのだ。

それを、村山の桁違《けたちが》いの終盤力が的確に看破していくのである。

次に村山が頭を洗いにきたときには、森は何回目かの修正案を見せる。そうやって、何度も何度も師匠と弟子の頭脳をキャッチボールのように行き来して、何十時間もかけてやっと一題の問題が完成する。構想を立て、創るのは森である。しかし、村山がいなければあれほど完成度の高い問題はおそらくできなかっただろう」（『聖の青春』）

確かにこの二人の師弟関係は特殊なものかもしれないが、将棋への情熱を共有し、将棋に命をかける生き方を刺激するのが、師弟関係のよさであるのは確かだ。

3．地獄の競争システム奨励会

奨励会は天才が集まる場所だ。お互いに競争しあい、技量を磨き合う。その中から、羽生善治や佐藤康光のようなトップスターが生まれる。そういう意味では、たしかに奨励会は天才を生み出す組織だ。

しかし、奨励会は一方で天才少年たちをふるいにかけ、削《そ》ぎ落としていく過酷な場所でもある。各地で天才少年と呼ばれた者が集まり、上には上がいるものだということを思い知らされていく。

どこの世界でも超一流になるのは難しい。しかし奨励会の場合は、年齢制限という壁が状況を過酷にしている。二十一歳の誕生日までに初段、二十六歳の誕生日までに四段（プロ棋士）という二つの年齢制限の壁がある。これをクリアできなければ、即退会となる。それはプロ棋士への道が絶たれることを意味する。少年時代周囲から天才と言われすべてを将棋一本に捧《ささ》げてきた者には、あまりにも過酷な宣告だ。

内藤國雄九段はこう言う。

「『もう一度人生を、生まれたときからやり直したいよ』と人はよくいう。私もいつ

対局室で熱戦を繰り広げる子供たち。　写真提供・日本将棋連盟

のまにか中年となって、その気持ちはよくわかるが、プロ棋士のタマゴ（奨励会）の時代をもう一度通らなければならないと想像するとゾッとする。タマゴの時代は十四歳から十八歳までと、期間は短かったけれど、あの試験地獄のような毎日を過ごすのは二度とごめんだ」（福井逸治『将棋にかける青春』三一書房）

トップ棋士にしてこの言葉であるから、退会ぎりぎりの線にいる若者は大変追い込まれている。大崎善生『将棋の子』（講談社）は、この年齢制限のプレッシャーと戦いながら生きる青春を描いた感動的なノンフィクションだ。大崎はこの年齢制限の厳しさを「体中が総毛立つような焦燥感」と呼んでいる。

「17～18歳の育ち盛りの青年が自分の誕生日を恐れるようになる。ひとつ歳《とし》をとることは、すなわち与えられたわずかな寿命を確実に食いつぶすことを意味する」

「歳とともに確実に自分の可能性はしぼんでいく。可能性という風船を膨らまし続けるには、徹底的に自分を追いこみ、その結果身近になりつつある社会からどんどん遠ざかっていかなくてはならないのだ。

ある意味では人間の生理に反した環境といえるかもしれない。それが、奨励会の厳しさであり悲劇性でもある」

奨励会という組織は、プロ棋士の増大を抑制する産児制限的なシステムだ。将棋界に与えられているパイの大きさは限られている。それを分配するのだから、必然的に枠は設けられなければならない。そのため定収の得られる四段に上がるための三段リーグはとくに過酷なリーグとなる。しかも四段になれたとしても、その後ずっと競争に次ぐ競争に身をさらすことになる。家元制度のようなごまかしのきかないシステムを作り上げたことによって、天才は磨き抜かれてくる。将棋界というもの全体が、将棋の天才を日本に生みだし続けているのだ。日本には、チェスの天才少年やトランプのブリッジの天才少年は生まれにくい。それはもちろん、底辺の狭さにもよるが、根本的にはそうした天才を生み出す将棋界や奨励会のような組織システムがないからだ。

ブリッジの天才になるべく生まれついた可能性のある子も、その才能を開花させることなく終わっていく。将棋の場合は、かすかなきっかけから才能がはっきりと周囲に知れだし、その芽が育てられる環境ができている。どれほどの器の才能かがはっきりとしてしまうほどに、その選別システムは厳格だ。

大崎の『将棋の子』のエピローグによれば、瀬川晶司という三段で奨励会を退会した青年が公式棋戦でプロを相手に七連勝をしたということだ。プロはアマチュアより圧倒的に強いという将棋界のバランスが崩れる出来事の一つであった。しかしこの出来事は、奨励会三段の実力の高さを示すものであり、将棋界のレベルダウンを意味するものではない。

4．天才生産母体としての町道場

奨励会を退会した青年たちは様々な道を歩む。

『将棋の子』に出てくる成田君という奨励会を退会した青年は、退会したときの記念にもらったコマを握りしめるとからだの奥が熱くなって力がみなぎってくるのだと言っている。真夜中に起き出して、羽生と夜中に一人きりで戦うことがよくあるという。

成田君の夢はこうだ。

「いつになるかはわからないけれど、この生活から脱出してね、そして少しずつお金を貯めて、それで小さな将棋の道場か教室を開くのが夢なんだ。そしてね、こっちが教わったみたいに子供たちを六枚落ちから教えてやる。それが夢なんだ」

こうした奨励会退会者やアマチュアが町で開いている道場や教室こそが、天才を生むもっとも重要な基盤だ。羽生善治は、家に将棋をする者がいなかったために、お母さんの買い物のときに町道場に行き、何時間か指す習慣を持っていたという。町道場は、才能を発掘する場所になっている。そうした道場で名をあげた子どもがプロ棋士と出会い、推薦を受け奨励会に入会してくる。若い才能を見つけだしスカウトするための場所としての機能を町道場は担《にな》っている。

将棋の町道場は、それほど経済的な効率がいい商売ではないだろう。経営している側も将棋が好きだからこそ続けていける、そうした仕事だ。こうした半分ボランティアで行っている町道場がある文化は強い。日本が卓球全盛期だったころには、あちらこちらに卓球道場があった。そうした道場には、経験も時間も教育欲もある大人が待機していてくれる。この余裕のある教育係が子どもたちと出会う空間があるということが、天才を生む母体なのだ。子どもに物事を教えるには経験と時間と忍耐力が必要だ。それを請け負うのは、三十代四十代の働き盛りよりは、むしろある程度時間の余裕のある年輩者の方が適している。

年輩の人の持つ経験と教育欲が子どもに注がれるとき、思わぬ天才が飛び出してくる。

名人となった米長邦雄を最初に天才だと言ったのは、望月千代吉というアマチュア五、六段のおじいさんだった。

「望月先生はいい先生でね、子どもに将棋の手ほどきをするときには、必ず片金から教えてくれた。片金というのは片一方の金という意味で、王様と金一枚、それから歩を全部並べて、それで教えてくれたんですよ。普通は馬鹿馬鹿しくて、そんな将棋は指せません。それを丁寧に教えてくれた。

最初は、片金でもなかなか勝てない。勝てないけれども、そこで飛車が成る方法を教えてくれる。端から香車が上がるとか、棒銀で行くとかすれば、必ず飛車が成れる。しかし、飛車が成っただけでは、まだ勝てない。飛車が成った後、この片金の金を何かと交換してはがすことを教えてくれた。と金を作って引っ張って金にガチャンとぶつけるとか、銀が出て行って、その金と交換するとか、あるいは思い切って角を切るとか。その金を取れば、王様が寄るということを教えてくれた。それで、ようやく勝てるわけですね。

そうすると、もう一つ金。一枚ずつ増やしていって二枚落ちまで。小学校卒業する前に、僕は二枚落ちで勝てるぐらいになりました。大変なことですよ、五年間ぐらいの間、とにかく片金から一枚ずつ駒を増やして教えていくんですからね」(『人生、惚れてこそ』)

実に丁寧な素晴らしい段階的な教育法だ。これに対して羽生善治は、「それは本当に将棋入門の王道というか、基本中の基本から一つひとつを丁寧にということですね」と言っている。米長は、自分の場合はこの先生が自分を天才に仕立て上げたんだと言う。「お前は天才だ、才能がある」という町道場主の一言が、少年の心に火をつけたという。何度も何度も繰り返し天才だと言われるうちに、刷り込みが起こり、自分の頭の中に自分には才能があるという思いが植え付けられたという。

膨大なアマチュアの人の持つ「教育欲」が天才を生みだしているのである。そうした出会いの空間が天才を生む組織となっている。奨励会という過酷な組織もまた、この町道場という基盤を維持し、レベルアップさせるのに大きな役割を果たしている。プロの空気をよく知る者が指導することによって、子どもたちにプロの存在を意識させやすくなる。トップを意識して練習すれば結果は違ってくる。少年の頃からプロを意識させる場が町のそこここにある。そこに偶然ふとしたきっかけで少年たちが立ち寄って、はまっていく子どもが出る。年齢を超えた楽しい向上心にあふれた空間ができる。これは、天才を生み出す組織であるとともに、幸福が純粋にあふれ出す空間でもある。奨励会は、天才少年たちを磨きふるい落とす場所であり、町道場は天才少年を生み出す場だ。

第4講のまとめ

1. 奨励会には、競争原理と師弟関係という二つのシステムがうまく組み合わされている。
2. 天才を磨きふるい落とす場所だけでなく、町道場のような才能を発掘する場が必要だ。

第５講

サッカー選手養成組織　清水ＦＣ

両河内での合宿。右端が堀田氏（昭和35年）。
写真提供・堀田哲爾氏

1．日本サッカーの低迷時代

日本のサッカーは今急成長を遂げつつある。一九六八年十月メキシコオリンピックで、釜本邦茂《かまもとくにしげ》と杉山隆一という傑出した選手を擁した日本チームが銅メダルを獲得したとき、私は小学生であった。私はその頃毎朝七時に学校に行き友達とサッカーをする日々を送っていた。それだけに、銅メダルは刺激になった。これから日本のサッカーは盛り上がるだろうと期待を膨らませた。サッカーの世界にも、プロ野球のような、プロリーグが出来るだろうと思ったのだ。社会人リーグの三菱やヤンマーといったチームも好きではあったが、プロがあるのとないのとでは、小学生のやる気にも違いが出てくる。

しかし、日本サッカーは期待に反して長い低迷に入ってしまった。韓国の壁を破ることができずに、ワールドカップへの出場も実現しなかった。この長い低迷期間においても、ドイツのブンデスリーガで活躍した奥寺康彦のような世界レベルの選手も生まれた。しかし、それは奥寺という個人の才能が優れていたという印象であった。日本サッカー全体のレベルが世界レベルに近づいたというわけではなかった。そこには、いわば天才を生む組織が欠如していたのである。

そうした日本サッカーの沈滞した空気は、九三年のJリーグ発足によって打ち破られた。世界的に有名な外国人選手が各チームに所属し、それまで国内では見ることのできなかったハイレベルなリーグ戦がスタートした。マスコミも大きく取り上げ、三浦知良（カズ）というスーパースターも生まれ、サッカーは国民的な関心事となった。

Jリーグの成功が、今日世界に通用する日本人選手の輩出に貢献しているのは明らかだ。しかし、日本サッカーから天才と呼びたくなるようなハイレベルな選手が次々と生まれるようになった素地は、Jリーグ発足以前にすでにつくられていた。日本代表が低迷を続けている間に、その素地は培《つちか》われていた。その素地とは、少年サッカーの指導である。

2. 指導者育成のシステムづくり

サッカー選手の育成は、たとえば小説家の育成とは違う。小説家を育てるために、小学校の頃から小説家養成のカリキュラムに則《のっと》って育成したとしても、それほどの効果は期待できないだろう。というのは、小説家の素地となる経験世界が、限定されてしまうからだ。もちろん小説も書くことの一つの技である以上、トレーニングは無駄ではない。しっかりした文章表現上の技法を習得することは、素材を活用するに当たっての選択肢を増やしてくれる。しかし、人生それ自体が素材となる小説の場合は、生きるスタイルの独自性が作品に反映される。そこには偶然性が関与した方が作品に味わいが出てくる。

サッカーの場合は、ルールが限定されている。しっかりとした育成プランを立て、幼い頃から技術を習得させれば、確実に技量は向上する。少年たちがサッカーに夢中になればなるほど、頂点は高くなる。サッカーでは、小学校時代からの育成が重要であり、そのためには少年を指導する指導者を養成する必要がある。

日本において組織的な指導者養成が行われ始めたのは、一九六九年のことだ。東京五輪やメキシコ五輪で日本代表をコーチしたドイツ人のデットマール・クラマーがインストラクターとなった「国際サッカー連盟コーチングスクール」からスタートした。翌年にはクラマーの構想を引き継ぎ平木隆三がリーダーとなって「第一回日本蹴球協会公認指導者養成コーチングスクール」を開校した。

現在から振り返ると、このコーチングスクールが日本の少年サッカーの充実に決定的な影響を与えた。

この第一期コーチングスクールの参加者の中に、堀田哲爾《てつじ》氏がいた。日本を代表する少年サッカーチーム、清水ＦＣの生みの親である。

清水ＦＣはまさに天才を生む組織の典型だ。サッカー王国清水は、この清水ＦＣという選抜少年サッカーチームを核として発展してきた。清水がサッカー王国になったのはそう古いことではない。静岡県内で見れば、中山雅史や名波浩の出身地である藤枝のほうが戦前からの伝統あるサッカーどころであった。清水市（現静岡市）内の小学校教師であった堀田氏は、何とか藤枝を乗り越えるべく清水のサッカーのマネジメントに全力を傾けた。現在のサッカー王国清水はもちろん一人の力でできあがったものではないが、一人の小学校教師であった堀田哲爾氏の驚異的なマネジメント能力によってその基礎固めが為されたのは、関係者には周知の事実だ。今回は、堀田氏に直接インタビューをお願いした。聞き手の私自身が、サッカーファンであると同時に静岡県出身者であり、期せずして堀田氏の高校の後輩に当たることもわかり、大変楽しく有意義な時間を過ごさせていただいた。以下、私のインタビューを織り込みつつ、天才を生む組織ができてきたプロセスを追っていきたい。

3．講習会の拡大再生産

ご自身学生時代サッカー選手であった堀田氏は、一九五六年に清水市江尻小学校に教師として赴任した。当時江尻小学校では、ボールを蹴《け》ることが校則で禁止されていた。堀田氏はボールを蹴って見せた。児童会で、先生が校則違反をしていると問題になった。現在からは考えられない事態だ。やがて堀田氏のところにサッカーをやりたいという子どもが集まりだし、校則が見直され、ボールは蹴ってよいことになった。このときの児童会で問題を提起した女子小学生が、現在役所でサッカー普及の仕事をしている。人と人の不思議な縁の繋《つな》がりが、清水の組織の根幹にある。

堀田氏の特徴は、その迅速な行動力にある。第一回日本蹴球協会コーチングスクールに参加した堀田氏は地元に戻るとすぐに、自らが主宰者となって「第一回静岡県コーチングスクール」を開校した。そもそも日本蹴球協会のスクール開校の意図が、そこで得た内容を各地元の指導者達に伝えてほしいということでもあった。それにしても、地元への伝播《でんぱ》を真っ先に、しかも本格的に行ったところに堀田氏の真骨頂があった。

指導者養成について、堀田氏はこう語っている。

「今までのことを振り返ってみると、一番大きかったのは、一週間に一回、毎週月曜日の夜に入江小学校で、具体的に『静岡県コーチングスクール』を開いて、清水市内の全小学校からひとりずつ先生が受講するようにしたこと。まだサッカーで飯を食うなんていう人間は一人もいなかった時代の事ですから、あれをみんな楽しみだけのために集まった。井田勝通（静岡学園高校サッカー部監督）なんかがその第一号。高橋節夫（静岡北高校サッカー部監督）なんていうのは一度落第して、受け直して卒業して、その後、活躍している。あの時は、自分なりにつくった様々なルールに当てはまるやつが残るようにした。今から振り返るとコーチングスクール出身から、全国優勝に繋がる指導者が出ています。当時は、ボールしかなかった。今じゃ、ナイター施設もあるから、いろんな形で練習会もできるけどね」

これは非常に厳しい講習会であった。毎週一回一年間全出席でなければ許さなかった。その中から、名門清水東高校サッカー部監督を務めた勝澤要氏や清水エスパルスの望月保次氏など、現在静岡サッカーを担《にな》っている重鎮が輩出された。

レベルの高い中央のコーチングスクールを受講した者は、地元に帰って自ら講習会を開く。そうした伝統が清水には根付いていった。

教えられたことをすぐに人に教える。これはそう簡単なことではない。自分が講習を受けるときに、ただ教えられるという消極的な構えでいたのでは到底自らが主宰者にはなれない。講習を受けている時点で、自分がやるならどうやるのかを常に意識する積極的な構えで臨んでいることが必要不可欠の条件だ。生徒として参加するというよりは、指導者の立場に立ちつつ学ぶという、いわば二重の構えを内在化させる必要がある。どういう段取りでコーチングをするのかをきちんとメモし、自分のものとして消化していく。この堀田氏の「段取り力」の強さが、清水の少年サッカー指導者養成を加速させた。

一人に教えれば、それが何十人かに広がり、またその人々が何十人かに教えていく。その拡大再生産が始まったのだ。堀田氏の開校した第一回の静岡県コーチングスクールの合格者は四十二名であった。どの参加者もサッカーが好きで、少年達のサッカーの効果的な上達を望む情熱ある者ばかりであった。参加者も、堀田氏が講習会に参加したときと同じように、貪欲《どんよく》な食い入るような構えで堀田氏の講習に参加していたのであった。

堀田氏の優れていた点は、少年達を一貫して指導するための指導者づくりを徹底させたことだ。さまざまな指導者養成の工夫の一つに、教員のサッカー大会がある。サッカー部出身でサッカー指導者志望の人間を指導者として養成するばかりではなかった。サッカーに関しては素人《しろうと》の小学校や中学校の先生をサッカー好きにさせる工夫をした。それが教員サッカー大会だ。

「サッカーが好きだったので、ただサッカーだけを教えたかった。それで、小学校の教師であるというポジションをうまく使って、学校単位で各小学校から代表を集めて組織化することを試みた。まず学校の先生から好きになってもらうことが大事だからね。その結果、思いついたのが教員サッカー大会。現在、静岡県であるのが四百二十チームぐらい。小学校と中学校の両方に組織されています。十二月に選手権の予選が終わってしまうと、各学校は次は教員大会の予選に備えて先生自身が練習をやって、本当に田舎の山の方からも出てくる。先生の人数のいないところは三校で一緒になってやる。今まで触ったこともない芝生を触ったりとか、それも日本平スタジアムでやらせてあげるというのが大きな動機になっている。今は芝生のグラウンドが六箇所あるけど、その芝生で教員大会をやるでしょう。喜ぶね。だから、先生も一生懸命合宿やったりする。狙《ねら》いは先生に好きになってもらうことばかりじゃない。先生たちが協力するという意味では、最初から今に到《いた》るまで常に意識されてきたことで、選手権で負けたチームだって敗者復活できるという意味もあった。最初はね、小学生を教えたわけよ。その先生もド素人だけど、自分のかわいい教え子のサッカーが気になってしようがない。サッカー自体はそんなに上手《うま》くなくても指導者としてはうまくなった例もある。後で『ことしは残念ながら準優勝です』なんて年賀状を送ってくる」

この教員サッカー大会という発想は実に見事だ。教師がサッカー好きならば、子どもたちもサッカー好きになる。必ずしも先生が上手い必要はない。先生が好きで一生懸命やっていることを子どもたちも好きになるものだ。私自身の経験としても、小学校四年のときに毎朝七時前からサッカーをみんなでやったのは、先生が時々参加してくれたからだ。はじめに先生がその流れをつくってくれたのだった。一度そのおもしろさを知ってしまうと、先生が毎日来なくても、子どもたち同士でしっかりとやった。先日小学校の同級生に偶然会ったところ、この頃の朝サッカーの話になった。彼は子どもならばあまり好まないディフェンダーを必ず進んでやった人間だ。お互いにプレーしていた姿も鮮明に覚えていた。

「齋藤はいつも前の方で、おいしいところを全部もっていったよなあ。変わってないなあ」

と言われた。三十年以上経《た》っても少年時代の記憶は染《し》み込んでいる。

学校の先生たちを巻き込むということは、その何十倍もの子どもたちをサッカーに巻き込んでいくということにつながる。実に効果的な戦略だ。芝生で試合をさせてあげるというマネジメントも心憎い。素人でさえも、一度は芝生でサッカーをやってみたいと思うものだ。何しろスライディングしても気持ちがいい。

堀田氏は、教員だけでなく、子どもたちの大会も数多く組織化した。子どもたちは目標ができ刺激を受けた。子どもの大会といってもただの地味な大会ではない。Ｊリーグのナビスコカップのようなスポンサーのついた大会をつくった。これはなかなか普通ではできない発想だ。

「冠大会、スポンサーのついた大会をいっぱいつくっちゃったよ。静岡銀行の大会、清水銀行の大会、ヤオハンカップ、塾がバックアップするサナルカップ。会場と金と選手がそろえばできる。大事な試合は全部決勝を芝生でやった。スライディングなんかして、わあ、気持ちいいっていう声が出るんだ。『ああ、だめだ、余りビーッとやると、あしたJリーグの試合がある』って言ったたって、子供はわかんないからね」

私は物事の大きな成功には段取り力や経営者感覚が必要だと考えている。その観点からすれば、少年サッカー大会として冠大会を作ってしまうという発想は実に納得できる。この大会の話を聞いていて、私の子どもの頃のある記憶を思い出した。社会人リーグの試合を日本平に見に行ったときのことだ。前座試合として清水ＦＣの試合が組まれていた。その子どもたちのプレーがあまりにもうまかったので強烈な印象として残っているのだが、そのときに社会人の前座試合に小学生の試合が行われるという段取りに不思議な感じを抱いた。そこであの前座試合の話をしてみたところ、それもまた堀田氏のかかわったことであった。

「静岡の理事長をやっていたときに、やることなすこと、一回も損したことはない。赤字にするならやめろといいます。全部儲《もう》かっているからね。経営者感覚でやってた。前座試合で清水FCの試合をやる。そういえば、入場券は親が買うからね。だから、子供のが終わっちゃったら、帰っちゃう親もいたよ。『大人のサッカー、おもしろくないよねえ』なんて（笑）」

テクニックをしっかりと身に付けた子どものサッカーは、親ならずとも心ひきつけられるものであった。サッカーの未来の明るさが、その前座試合にはあふれ出ていた。実際そのとき清水FCのメンバーで出ていた少年たちの中には後の日本代表になった選手も何人かいた。

施設の充実も、堀田氏の得意な領域だ。サッカーの王様ペレとの親交をきっかけにして、小中学校に夜間照明の施設を完備させた。

「ペレに静岡へきてもらったことがある。サッカー教室をやったんですよ。ペレから

堀田氏と杉山隆一にはさまれて、サッカー教室の打ち合わせに参加するペレ。
写真提供・堀田哲爾氏

提供された七百二十万円で、グラウンドへ電灯をつけた。いま現在は四十の中学校と小学校に全部設けたけど正式に言えば夜間照明。今芝生のグラウンドにしようって動いているわけですよ。明かりの方は、もう今は市の教育委員会の方で全部各学校につけて、その後、管理をPTAとか子供会とかというのに任せてある」

このほか、清水にあるトレーニングセンターをつくるときに、きっちり一周八百メートルになるランニングコースを作ったりもしている。

堀田氏に大きな影響を与えたのは、最高レベルにある海外サッカーの視察だ。第2講でも取り上げたオランダのヨハン・クライフのサッカーは、とりわけ衝撃的であった。全員が動くトータル・サッカー。それを自らフィールド内で激しく動きながら指揮をし統率するクライフ。それはまるで、「空飛ぶコンピューター」だったという。静岡のサッカーというと、個人のテクニックを重視したブラジルサッカーの影響が強いように言われる。しかし、清水のサッカーのモデルは、クライフのオランダサッカーだった。

それに加えて、オランダ、ルーマニアの育成システムを見に行ったことも大きな影響を与えている。選手一人一人のデータを非常に大事にし、しっかりと資料を個人ごとに積み重ねていくやり方を学んできた。そうした刺激が形になったのが、「個表」というものだ。

「面白い資料としては、僕の手元には、長谷川健太（清水エスパルス監督）と堀池巧、真田雅則なんかの個表がぜんぶ残っている。これは一人一人に一枚ずつ生年月日、出身から始まって、全戦績を細かく記録するためのもの。客観的なデータを残し、後で、どういう試合でどう進歩してきたのか、どういう成績を残してきたのかを重ねて見ることで、見えなかったことが見えてくる。それを、上級生になったときに上の学年の指導者に渡すことで、その選手の全体像が捉えられる。お医者さんでいえばカルテのようなもの」

指導者がきちんと資料を残して次に引き継いでいく。これが指導の一貫性の象徴になっている。堀田氏は書くことを非常に重視する。指導者自身も書くが、高校生などにも練習ノートをしっかりと書いて提出させている。そのノートの内容から、選手の練習に対して取り組む意識を知り、コメントしていく。私もスポーツや武道をやっていたときに、練習ノートをつけていたが、これは実に効果的だ。スポーツは、ポイントをしっかりとつかんで反復練習をすることが上達への近道だ。ノートをつけるかつけないかで、その上達の速度は大きく変わってくる。目的意識をもって練習をするのと、ただ言われるがままに練習メニューにしたがっているのとでは雲泥の差が出てくる。書くという行為は、自らの意識をはっきりさせるのに、最良の手段である。スポーツの世界は一見感覚的なように見えるが、実は明確な意識をもっていたほうが断然うまくプレーできる。

「僕は、書くことを重視する。清水東高の連中でも練習ノートをとっている。それをちゃんと出さないと、げんこつが来る。いつも意識をニュートラルにし、頭を柔らかくしておいて、結果的にサッカー選手として、うまい方向へ指示することができる」

体育の時間に、子どもたちにノートを持たせて授業をする教師はまれだろう。しかし私は体育こそ、書くことの意味が明確になる教科だと考えている。暗黙知や経験知が大きなパーセンテージを占める領域でこそ、書くという行為が効果を発揮する。なんとなくやっていることをしっかりと言語化して捉《とら》えなおすという意識の働きこそが、天才の武器である。天才は、意識が混濁しているどころか、実に鮮明である。自分の課題がクリアに見えていて、その課題を拡大して反復練習をする。そうしたすっきりとした問題意識を常にもちつづけ、工夫しつづける態度の習慣化こそが、天才を生み育てる最良の道だ。

上手なプレーヤーのプレーを子どもたちに見せて、どこが優れているのかを具体的に列挙させる。これだけでずいぶんと違ってくる。見る目が変わってくるのだ。ただぼんやりと見ている状態から、ポイントを盗んでやろうという意識に変わってくる。この意識の変化こそが決定的である。

「まねる盗む力」があらゆる上達の基本だ。それは漠然とした勘による模倣ではない。しっかりと細部のポイントを見抜いて、意識的にそれを反復する。そして試行錯誤する中で勘を働かせていくのだ。ポイントを見抜く習慣をつけるために、言葉の力が生きてくる。これは別にスポーツ選手がコメント上手になるといったことでは必ずしもない。自分のやっていること、人のやっていることから的確にポイントを盗み出す力が重要なのだ。ぺらぺらとしゃべる必要はない。一流のスポーツ選手の中で、自分を客観視できていない選手はいないと言っていい。自分がやっている練習の意味をわからずにやっていたのでは上達は望めない。また自分の力を知り自分に足りないものを認識する力がなければ一流にはなれない。

クライフが見せたサッカーは、実に知性の結晶であった。ただ動物的に動くのではなく、状況を的確に判断し、最良の選択を全員がしていく。それを何度も練習しシステム化していく。しかもその動きをプロだけがやるのではなく、子ども時代からできるように一貫した指導体制を敷いておく。知的な戦略を選手個人個人が立てることができる力を、子どものころからつけさせているのである。清水はこれを明確な目標としてきた。

目標が明確になったことですごく楽しくなったと堀田氏は言う。はっきりとした目標が見え、そこに向かっていけばいい。ヴィジョンのある教育とそうでない教育とは上達の速度がまったく異なってくる。

4. 結果の平等ではなく機会の平等

はっきりとした目標があれば、上達の意欲に弾みがつく。Ｊリーグというプロができてからは、子どもたちはプロになることを自然に目標にすることができるようになった。そうなれば動機付けの強さも自然とあがってくる。清水の場合は、プロができる以前に、やがてプロができるということを念頭において、プロがまだない時代から目標を高く持って練習させていた。

その象徴が清水ＦＣだ。このチームは、普通のクラブチームではない。清水市を中心とした静岡県内のサッカー少年団の組織が盛んになると、ほとんどの才能が網に引っかかってくる。広い裾野《すその》の中で網に引っかかった才能のある者が、テストを受けて清水ＦＣに入団を許される。天才の発掘だ。

清水ＦＣは、本人が入ろうと思っても入れない組織だ。そうした選抜の垣根があるとプライドもポジティブな力を発揮する。堀田氏は、大事なのは、機会の平等であり、結果の平等を子どもに強いてはいけない、負けてかわいそうというのは間違っていると言う。この競争の裾野は広い。清水で言えば、あらゆる子どもがこの競争に参加する資格を与えられている。そうした機会の平等を保証することが、才能を発掘する最良の道でもある。普段の練習でも競わせながら、技を磨かせる。

こうした競争意識が自然に生み出される場を作るのが、指導者の大きな役割だ。指導者が毎回怒鳴り声を上げてやる気を出させているのでは到底世界レベルには追いつかない。子どもたち同士が強い緊張感を持って激しく競い合う。そうした切磋《せっさ》琢磨《たくま》する環境を整えることが、指導者として最も大きな仕事である。清水ＦＣという選抜チームがあるかないかというだけで、まったく清水サッカーの様相は変わってくる。

日本サッカーは常に進化しつづけてきている。少年サッカーの世界においても、清水が一人勝ちしていた時代が変わろうとしている。各地方の熱心な指導者たちが、清水のシステムを学び、それを実践してきた。日本サッカー全体の進化も著しい。これに関しては、忠鉢信一『進化する日本サッカー』（集英社新書）をご参照いただきたい。日本のサッカーがなぜ進化することができたのかを、細部にわたり、また大局的な見地から実に判りやすく書いてある本だ。

最後に私の天才についての考え方を、堀田氏の言葉を借りて示しておきたい。

「僕は、天才はサッカーではつくられるものだと思う。目標さえ持たしてやれば。指導者にとって大事なことは目標を持たす、子供に目標がなんであるか見えるようにさせることです」

第5講のまとめ

1. ルールが限定されたスポーツほど、育成プランの良し悪《あ》しが、技量向上を左右する。
2. 教えられている時、逆に教える立場になって考えてみると、理解が立体的になる。
3. 「教育者を教育する」ことは、もっとも波及効果のある教育戦略だ。
4. 「書く」という行為は、暗黙知の意識化に最良の方法である。課題がクリアになる。

第６講
宝塚音楽学校の密封錬金術

モダンダンスの練習風景。　　写真提供・宝塚音楽学校

1．生活丸ごとの密封教育が金を生む

トーマス・マンの『魔の山』（高橋義孝訳、新潮文庫）の中に、「密封錬金術」という言葉が出てくる。この言葉は私に、不思議と強い印象を残した。自己形成のある時期に、密封された純粋な場で自分を鍛えることによって、自分を「金」にする。そうした一種の超人願望を刺激する言葉だった。

才能を開花させるには、自分自身の内側の力だけでは難しい場、緊張感のある場が必要だ。これ以上はもうできない、という思いの少し上を行くほどの厳しい修業を経て、初めて気づく自分の力というものがある。そうした厳しい「修業」的な生活をずっとすることは普通の人間にとっては難しい。しかしエネルギーの溢《あふ》れている十代後半から二十代のはじめころにかけては、このような修業的生活を受け入れるだけの基盤がある。鉄は熱いうちに鍛えろ、というのは本当だ。年をとりエネルギーが落ちてくれば、厳しい鍛錬を受け入れにくくなってくるが、それまでの自分とは違う自分

早朝、予科生の登校風景。　　写真提供・宝塚音楽学校

に変わっていく柔らかさや勇気は、押さえても押さえきれないほどからだの内から沸き上がってくるエネルギーの多さに支えられているものだ。

宝塚音楽学校は、まさに金を生み出す教育機関だ。あの宝塚歌劇団は、全員この学校の卒業生だ。期間は二年間。一年生を予科生、二年生を本科生と呼ぶ。この二年間が終わると、宝塚歌劇団に入団する。

満十五歳から十八歳までの女子で中学校あるいは高等学校卒業または高等学校在学中の者に応募資格がある。入学審査は、面接と実技をもって行う。容姿、これまでの学業操行、芸能の素質、人物、身体などについて考査し選抜する。定員は予科、本科それぞれ五十人ずつで、計百人のコンパクトな学校だ。授業料は通常の私学よりも低額だ。プロフェッショナルが授業を受け持ち少人数教育をしていることを考えると、この授業料はかなりおさえているといえる。

宝塚音楽学校では、時代の流れとは別に、いわば古風で規律正しい生活が行われている。カリキュラムは、高いレベルの授業が高密度でぎっしりと組まれている。このようなハイレベルな純粋教育環境を維持してこられた要因としては、なんといっても阪急東宝グループ（現阪急阪神東宝グループ）の創業者であり、宝塚歌劇団、宝塚音楽学校の創設者である小林一三《いちぞう》の功績が大きい。音楽学校の卒業後には、プロとして活躍すべき歌劇団が用意されている。そしてその学校及び歌劇団を、阪急東宝グループがバックアップする。その阪急東宝グループは、阪急電鉄や阪急百貨店、東宝や阪急不動産など約三百四十社、従業員三万五千人の大規模なグループだ。宝塚歌劇団及び音楽学校は、そうしたグループに一体感をもたらす役割を果たしている。

つまり、資金面での安定と同時に、グループ内での位置づけもまた明確に設定されている。大局的な観点から、構造的に物事を捕らえ、斬新《ざんしん》なアイディアを形にしていく。この稀有《けう》な力が小林一三にはあった。ただの理想や思いつきだけで、二年間の音楽学校だけをつくってみても、現在あるような宝塚の畏《おそ》るべき伝統は生み出されなかったろう。

純粋密封教育機関を支えているのは、構造的な連動である。他の強力な組織との距離感を持った連動があることで、独立した純粋空間を維持することができる。干渉しすぎない絶妙な距離感は、宝塚音楽学校の中の空気にも浸透している。講師や職員は、必要以上に生徒に干渉しない。生徒の自立性を極力重んじながら、距離感を持って接している。この距離感は重要な教育者のセンスだ。それが個人の教育センスにゆだねられているのではなく、学校全体の規律や空気の中に溶け込んでいる。それが宝塚音楽学校の持つ伝統の強みだ。

宝塚音楽学校は、一九一三（大正二）年宝塚唱歌隊としてスタートし、現在約百年の歴史を持っている。宝塚歌劇団を退団後も芸能界で活躍する者は多い。乙羽信子、淡島千景、山岡久乃、新珠三千代、八千草薫、寿美花代、有馬稲子、朝丘雪路、浜木綿子、鳳蘭、安奈淳、大地真央、涼風真世、黒木瞳、天海祐希をはじめとして、枚挙にいとまがない。入学時に才能のある少女が集まるというだけでは、これほどの充実は難しいだろう。音楽学校、歌劇団を通じての、独自の教育システムの成果だと言える。

では以下、宝塚音楽学校副校長今西正子先生からインタビューを通じて伺ったお話を織り交ぜながら、音楽学校の特質について見ていきたい。

2．「身」から入るアイデンティティ教育

宝塚音楽学校の教育の特徴は、身体からはいるということだ。カリキュラムも実技が中心とされているが、より特徴的なのは日常生活において身を律する教育が徹底していることだ。歩き方から言葉遣い、生活態度まで徹底的に指導される。予科生（入学一年目）は、毎朝六時五十分には登校して一時間二十分かけて校内を隅々まで掃除する。毎日が大掃除だ。音楽学校の校長をしていた田辺節郎は『タカラジェンヌへの道』（講談社）の中でこう書いている。

「ピアノのキーを音の出ぬように拭《ふ》く者、敷居や窓のレールや床板のつなぎ目の埃《ほこり》を粘着テープで押さえつける者、ドアのノブやピアノのペダルやトイレの金属部分を毎日ピッカピカに磨き上げる者…。

トイレで思い出したが、宝塚音楽学校に在職していたとき、用を足すたびに受け持ちの生徒に申し訳ない気がしたものだ。生理現象だから仕方がない訳ではあるが、おそらくどの教職員も私と同じ心境なのではあるまいか。（中略）

生徒は朝の掃除だけでは無く、昼休みでも放課後でも、少しの暇があれば持ち場を清掃する。いま述べた玄関のドアガラスにしても、朝のうちに曇りひとつ無く拭いたはずなのに、そのあと誰かが指や手で触れた跡が光線の加減で目立つと、情けなくなってしまうのだろう。さっそくその部分を布でこすっている光景をよく見かけた」

なんともはや徹底している。生徒の心身鍛錬の方法として、掃除は位置づけられている。規律正しいのは掃除だけではない。挨拶《あいさつ》もどのようなときにどう言うのかをきちんと決められている。たとえば午後三時までは「おはようございます」、午後三時以降は「お疲れさまでした」、入室や退室の際は必ず「失礼します」「失礼しました」と挨拶をする。校門出入りの際は必ず黙礼をする。二名以上の通行は、二列になって整然と歩く。

服装や髪型についても厳密だ。髪の長い人は二つにくくるか、三つ編みにする。髪飾りは一切禁止。服装は制服。化粧は行事の時以外はしない。全体に地味な服装を要求される。

旅館やホテルに泊まっても、後かたづけをきちんとする。部屋の前に脱いだスリッパはきちんと揃《そろ》える。といった具合に、今どき珍しく、躾《しつけ》が行き届いている。文字通り、身を美しく調えるという意味での、「躾」だ。

こうした日常生活における規律正しさについて、今西副校長はこう語っている。

「宝塚音楽学校の教育には、まず日常の生活態度が一番大切だという考え方が根底にあります。日常生活の行いが舞台に繋《つな》がるので、私も毎日その点を心がけて指導しています。宝塚音楽学校の教育は、皆さんから『厳しい、厳しい』と言われますが、あたり前の規律正しい生活をしているのです。『規律正しい』なんていう古風な生活を、現代の風潮で、若い十五歳から十八歳のお嬢さんが、よく我慢してやっているなあと思いますが、その根本には、『このつらい生活の二年後は、必ず、憧《あこが》れの宝塚大劇場の舞台に立つ』という、明確な目的意識がある。そういう明確な目標があるから、厳しい生活がある。それを精神的に支えているのは、自分たちは音楽学校の生徒である、という誇りである。だから厳しいとか縛られているというような意識は、彼女たちはもっていません」

ここに見られるのは、身を通しての教育、姿勢の教育だ。まずは、ものを習う心構え、身構えをきちんとする。こうした身の調え方から入る教育は、かつての日本ではむしろ主流であった。しかし戦後とくに、そのような身から入る教育を精神修養的な古くさい教育として排除する動きが強まった。一方ではあまりにも細部まで校則で定める管理教育が批判された。そうした社会の動きとはあえて無関係に、確固たる独自の思想で教育を展開しているのが、この音楽学校だ。私は学校というものは、文化の継承の場であり、社会の動きを必ずしも敏感に察知して変化しなくても構わないものだと考えている。社会がどのように崩れていったとしても、学校だけは独自のカリキュラムで秩序を保っている。そうした特殊な空間であることがむしろ求められる。もちろん社会で必要とされることをカリキュラムに組み込んでいくことを否定するものではないが、文化を継承する場としての密閉性も、学校には必要な要素だ。

掃除について、今西副校長はこう語っている。

「掃除は予科一年の間は、やはり辛《つら》いです。寒い冬なんかはもう、とにかく六時五十分に登校しなきゃいけない。七時二十分から八時四十分まで清掃に掛けるように規則で決まっている。これも創設者である小林一三先生が、自分の学び舎を綺麗《きれい》にすることは、心も磨くことに繋がる、舞台を観たらその人の私生活も分かるという風におっしゃったことが反映されています。その中には、将来は芸能人としてだけではなく、良き家庭人、社会人、そして完成された女性に作り上げるという考え方が、指針としてある」

「『清く　正しく　美しく』がモットーです。『清く』は、私も入学時に教えられたんですが、芸を磨き、技を磨き、そして心を磨くということ、純真であれという意味です。『正しく』はモラルを守る社会人としての常識を、しっかりと身に付ける。そして『美しく』は、常に美しくあって、その舞台を観たら、その人の生活が分かる。まあ、清くと一緒ですね。自分の行動も正しく美しくあれというモットーに基づいて行動していますよね。それは音楽学校を出て劇団に入団しても大事な校訓です」

舞台にはその人の私生活までが映し出されてしまう。スターは、私生活の態度も美しくなければいけない。こうしたメッセージは、優れた舞台人を養成するだけではなく、そもそも舞台人であることを超えて完成された女性になることを小林一三が理想としていたことから生まれている。芸能だけを教えているのでは、舞台人になれなかった場合には、挫折《ざせつ》する他はない。しかし、これだけの規律正しい躾を受けた身であれば、家庭人となるにせよ、新たな仕事にチャレンジするにせよ、適応をしていけるだけの力ができている。素直で前向きな態度、挨拶のできる明るさ、きびきびと物事をこなす「段取り力」。こうしたものがあれば、社会の大抵の役割はこなすことができる。つまり「社会人として」の教育がここではなされている。

アイデンティティを明確に、しかも多重化して持つということは力強さにつながる。舞台人というアイデンティティは明確だ。それに加えて、社会人として、あるいは完成された女性として、というアイデンティティが加わってくる。アイデンティティが一つだけだと、それが崩れたときにはポキンと気持ちが折れてしまう。社会に生きる一人の人間として自分を完成していく。そうした骨太なアイデンティティを中心に据えることで、舞台人というプロフェッショナルなアイデンティティも強さを増す。というのは、舞台人というのは、とりわけ人の目に自分の身体の隅々までもさらすことになる仕事だからだ。ちょっとした姿勢やしぐさ、声の張りなどから、体調や心構えまでも見透かされる。舞台の上で少しでも気を抜けば、眼力のある人にはそれがわかってしまう。気持ちと身体の「張り」が常に求められるのが舞台人だ。そしてその「張り」という心身の状態を習慣化し、技化する働きが、この学校にはある。

周りのことにいつも気を配り、テキパキと判断して動く。こうした気配りができるようになるには、練習が必要だ。はじめのうちは慣れないために気を使うことに多大なエネルギーを消費する。しかし、気配りを習慣としていくうちに、それほど疲労しなくても、周りの状況に適切に対応していくことができやすくなる。周囲に配ることのできる意識の量は、練習によって増やしていくことができるものだ。意識の器を大きくしていくことが、この学校の隠れたカリキュラムとなっている。

3．密度の濃さとコントラストが生む力

この学校の教育組織としてのうまさは、二年制にあると私は思う。宝塚歌劇団という注目の集まる超一流のプロ集団に加わる準備としては、二年という時間は長くはない。十五歳の少女も入学するのだから、むしろ短すぎるといってもいい。通常の考え方ならば、三年を設定するのが妥当なところだろう。

では、二年を三年にすれば、一・五倍の効果があがるのだろうか。私の推測だが、おそらくそうはならないのではないだろうか。というのは、三年間あると、真中の一年間がどうしてもだれやすいからだ。普通の中学や高校の三年間も、だいたい、だれる一年間がある。二年というのは、精神の緊張を保つにはよい長さだ。

しかも、その二年間も、べったりと同じ色で過ごすのではない。コントラストが非常にはっきりしている。

予科生と本科生は、単なる一年生と二年生ではない。本科生の五十人は、むしろ予科生を指導する立場に近い。もちろん自分自身は授業を受けレッスンをする。それと同時に、生活の隅々まで予科生に対して指導をしていく。かつては、本科生が「カラ

スは白い」といえば、予科生は「はい」と答えるほどに、上下関係がはっきりしていたそうだ。今西副校長は、本科生の予科生に対する教育を次のように語る。

「音楽学校では、本科が上級生で、予科は絶対服従です。だから、お掃除やトイレから舞台のことまで、全《すべ》て本科が予科を指導して行く。準備には、春、予科の入学時に本科と色々話し合って、そして研一（研究科一年、歌劇団入団一年目）とも話し合い、指導方針の改善をしたり、無駄は省く。良い事では、もっとこういう事をしていこうというのを、職員共々と話し合っている。ですから、とても上手《うま》く行っています。全部分担が決まっている。トイレの分担とか二階のフロアとかロビー。それを本科の生徒がマンツーマンで、細かく指導して行く。入学式の時には、立ち居振舞を本科生が教えている。親御さんもびっくりされますよ。立ち座りとか礼の仕方ね。それでナニナニの持ち方、帽子の持ち方、歩き方を入学前のガイダンスの間に、一日で本科が予科に指導する。だから、入学式の時はすべて出来上がっている」

たった一年で教えられる側から教える側にまわる。このコントラストの激しさが、精神の緊張を生む。一年、二年、三年と単に年次が上がっていくという印象ではなく、予科生、本科生というそれぞれまったく異なるアイデンティティに強く身を染めるのだ。密度の濃い時間を過ごし、脱皮する。それだけ一年間の意味が濃くなる。二年制をとっていることで、経験が凝縮される。一年生、二年生と呼ばずに、予科生、本科生と呼ぶことの意味も大きい。卒業してから、苦しかった予科生時代を懐《なつ》かしむ者が多いという話だ。それだけ凝縮した体験となるようにカリキュラムやスケジュールが組まれているということだ。

カリキュラムの立て方も密度が高い。通常の高校の時間割に近いものなのだが、舞台に立つという目的が実にはっきりした、実技中心のカリキュラムのため、密度の濃さが目立つ。密度の濃いカリキュラムの印象を、トップスターとなった日向薫《ひゅうがかおる》と大浦みずきの言葉から引用したい。

「発声、ソルフェージュ、ポピュラー、オペラ、ジャズ、シャンソンでしょう。それから、バレエ、モダンダンス、ジャズダンス、タップにスパニッシュダンス、日舞は3流派ありましたし、お琴に三味線、演劇論と音楽通論、ピアノ。えーっとまだあったような……体操とマーチングもありました。すべて網羅はしてないと思いますが、大体こんな感じで、週6日間で毎日7時間の割り振りでした。それを予科と本科の2年間、みっちりやるんです」(日向薫「クロワッサン」二〇〇〇年八月二十五日号)

「バレエや日舞は九十分授業で、それぞれ三名ずつ先生がいらっしゃって、毎日ある課目。その他、内容によって、一時間から九十分。

間の十分の休憩で、レオタードから着物に着替える、なんていう早替りもしていた。夏休みには補習もあり、課目は違っても、普通の学校と同じようなものである。ただ、課外授業は多く、合唱やソロを歌いに、いろいろな所へ行った。日舞にバレエ、声楽、演劇、ピアノ、三味線等々、バレエ以外目新しいものばかり。演劇の時間に、初めて男役の台詞《せりふ》を言った。なにか恥ずかしいような、嬉《うれ》しいような気分。日舞では歩き方も分らず、三味線は大好きな時間だった。

毎日あっという間に時間が過ぎ、そして放課後になると、皆は一斉に個人レッスンに通い、私は残った友達とひたすら遊んだ」（大浦みずき『夢・宝塚』小学館）

密度の高さは、講師数にも表れている。平成六年当時は、定員が四十名だったので、計八十名の生徒に対し実技指導の講師が五十名ついていた。課外レッスンのための講師が別に必要となり、総計はこれよりも多い。講師はそれぞれその道の一流の人が担当している。

最高のレベルのものを大量に。これが教育の王道だ。

音楽学校の教育は、それぞれの個性を生かした個別教育というわけではない。むしろあえて没個性的に教育を行っているところがある。とりわけ予科の時代は、自分の個性を発揮できる場は少ない。もともと自分を思い切り表現したいと強く思っている少女たちが集まってきている。それだけに、この没個性教育は意外な感じがするが、実はこれが個性を爆発的に発揮させるバネの役割をしている。今西先生はこう語る。

「没個性に鍛えながら、切磋琢磨《せっさたくま》していくと、その中から個性が沸き上がって来る。予科のカリキュラムが、普通の学校とは比較にならないほど、物凄《ものすご》く過密なんです。ですから、予科生は自習、稽古《けいこ》も出来ませんが、本科生になれば出来る。そうすると貝殻をバッと脱いだように美しくなって、もう全然変わってくる。稽古を思う存分できる気持ちがそうさせる。予科一年間はどんなに辛くても、放課後を自由に練習にあてることは出来ない。昔からの伝統で。本科になったら自由に、朝六時に行こうが、夜も八時まで自分の時間がありますから、学校のチャイムが鳴ったらすぐに自分のルーム取りにみんな走って来ます。自主レッスン・ノートに、『どこの部屋を使います』と名前をきちんと書いて、レッスンに励む。予科はどんなにしたくてもそこまでは許されていない。それがまた本科になって思いっきり花咲くのがいい。上手い具合に『やりたい』という意思を抑えて、パワーとオーラが出てくるんですね」

つまり、予科と本科は、我慢と解放の対照関係にある。はじめから均等に個性を表現するのではなく、くっきりと半分は我慢の期間に設定しているところに、教育システムとしての深さを感じる。実際本科生になると、発表会といった形で表現の場が与えられる。夏に発表会があり、秋に音楽会・洋舞発表会、一月は卒業試験、二月が文化祭、卒業記念公演で初舞台。掃除や細かいことをはじめとして本科生に指導される抑圧からも解放され、晴れ晴れとした気分で、舞台での表現に集中できるようになる。予科生も本科生もエネルギーにあふれているわけだが、このパワーの出方のコントラストが、それぞれの一年間の意味を色濃くさせている。

コントラストと言えば、大きく見れば、音楽学校と宝塚歌劇団が対照関係にある。歌劇団に入れば人によっては一年目からファンがついてくる。つまりスターだ。舞台はこれ以上ないというほど派手だ。いきなりこのようなスターとしてちやほやされたならば自分を見失ってしまうこともありうる。しかし音楽学校でこれ以上ないというほど地味にしつけられているおかげで、身についたきちんとした生活習慣は乱れない。思い上がったぞんざいな態度で人に接することはなく、いわば地に足がついた舞台人となることができる。身に染《し》み込んだ生活習慣は、なかなか消えないものだ。きちんと履物をそろえて脱ぐ習慣が徹底してついてしまえば、乱れた形で脱ぐことはむしろできなくなる。社会で求められるあたりまえの（しかし現在では若者のほとんどが身に付けていない）生活習慣を徹底して身に付けさせることで、思い上がらずに長く芸能活動を続けていくことができる。そうした派手を支える「地味」の機能が音楽学校にはある。

4. 実力主義と上下関係の絶妙なバランス

音楽学校における、先輩や先生に対する上下関係は厳しい。それは身に染み込んでいる。たとえばこんな感じだ。

「日舞教室に入ったら直ぐに座る。先輩や先生方と話をする時も、注意を受けるときも絶対立っては受けない。座って膝《ひざ》をついて見下げない。ですからそれはもう見事ですよ。講堂での校内発表会の稽古で先生が色々と壇上の生徒に注意をされると、みな一斉に座ります。先生のお話に身をあわせて聞く。それはやかましく言われたんです。やはり身体から覚えて行く」

「身をあわせて聞く」というのは実にいい言葉だ。きっちりとからだの構えを聞く構えに調えることから始める。そうした積極的な聞く構えをつくることで、話される内容の吸収の仕方もよくなるし、相手の話し方にも熱が入ってくる。

宝塚全体に通じる上下関係の厳しさは、社会における人間関係をうまくやっていく潤滑油であるとともに、学ぶ謙虚な姿勢を常に忘れずにいる工夫にもなっている。常に学びつづける。この姿勢を習慣として身につけさせることは、学校の一番大きな役割だ。しかし、多くの教育はこれに成功していない。上下関係の厳しさだけを独立させて取り上げれば、それは一見時代遅れに映るだろう。しかし、謙虚に学びつづける姿勢の技化と関係付けて捉《とら》えると、また違った意味が見えてくる。

宝塚教育のバランスのよさは、上下関係の厳しさとともに、実力主義が徹底しているということだ。この二つがうまく共存していることで教育としてのバランスがとれる。とりわけ宝塚歌劇団に入団してからは、本人の感性による輝きが重要になる。トップスターを中心に出演者全員が舞台を輝かすために力を合わせる。トップスターシステムを採用してきたことで、宝塚は輝きの中心を常に世間に対して示すことができてきた。内部から見れば厳しすぎるほどの競争システムだが、効果としては抜群のシステムだ。音楽学校にも、すでにこうした実力主義は取り入れられている。そもそも全科目で成績がはっきりとつけられる。音楽学校の成績と、歌劇団での位置付けはまた別のものだが、常に実力をはかられ、序列化されることに皆が慣れている。成績や序列といっても、決定的なものではない。自分の中の得手不得手を見極める機会にもなる。成績とはまた別の実力の発揮の仕方がある。

上下関係は厳しくとも、実力があればしっかりと認めてもらえる。この信頼感が、一種の公平感として厳しい教育システムを裏から支えている。実力主義だけだと、雰囲気は殺伐としてくるかもしれない。大相撲で問題になった、横綱の朝青龍《あさしょうりゅう》と旭鷲山《きょくしゅうざん》との間の揉め事も、このあたりが原因になっている。大相撲は実力主義（番付至上主義）であるから、モンゴル力士として後輩にあたる朝青龍が上になる。しかし旭鷲山に対する先輩としての礼を欠けば、やはり関係はまずくなる。実力主義と上下関係の並存ができていないがための揉め事だ。この上手な使い分けが「品格」にもつながる。宝塚においてはこの並存がうまくいっている。

「はっきりとした上下関係だから、人間関係もクリア。だから、どんなスターでも序列に従い、まだ下級生であれば幹部部屋に入れません。ですから大部屋に主演男役の方もいらっしゃいます。組長、副組長、その下に組子という年次順も生きているのが宝塚の良いところ。実力主義と上下関係が並存している」

実力主義と上下関係。この二つもバランスよく並存させる感覚が、すなわち社会人としての品性、品格ともつながっている。同期生はライバル同士でもあるが、苦しいときにはともに助け合う。これがまれに見る結束力の強さにつながっている。この結束力が宝塚の宝だと今西先生は言う。

社会とは一線を画したところで独自の論理で集中的な教育を行う。この密封錬金術的な教育が、むしろその後の人生を生きていくための「社会人としての品格」を育てることになっている。密封された空間での密度の高い教育が、長い期間にわたって効果を持続する。これが優れた教育の秘密だ。

宝塚のおもしろいところは、普遍的な基本とともに、世界でもまれに見る独自な技を開発し、継承しているということだ。女子だけの歌劇団という制約が独自の技を生み出した。男役のスターがそれだ。

5．男役という猿飛の術

元男役トップスターも講師で来て、「生きた教科書」として指導にあたっている。宝塚の男役の独特の発声法や演技は、第１講で提示した「猿飛の術」そのものだ。猿飛の術を使う者が猿飛佐助である。それと同様に、宝塚の男役の技を身につけたものが男役のトップスターを引き継いでいく。絶対的な才能をもつ個人が倒れたらそこでおしまい、というシステムとは違う。猿飛の術のように、男役の技が引き継がれ、トップスターが退団しても、公演は続けていくことができる。しかもこの男役の技は、一般的、普遍的な技術ではない。ここ宝塚でしか、継承されていない独特な技なのだ。

非常に独自性の高い技を継承しているところに、宝塚がパリやニューヨークなどの海外公演で成功している秘密がある。日本が世界で勝負していくためには、こうした忍術のような独自の技をシステマティックに密封された場で継承していくことが王道となるだろう。

第6講のまとめ

1. エネルギーに満ち溢《あふ》れた二十代までの才能を開花させるには、修業的生活も効果的だ。
2. 必要以上に時間をかけず、短期集中的に緊張を保つと教育にメリハリがでてくる。
3. 禁欲が反対に個性の爆発パワーを生むバネとなることもある。

第7講

藩校の教育力

数多くの人材を世に送り出した日新館。当時の施設を忠実に復元した。　写真提供・會津藩校日新館

1. 公教育パワー

現在の日本では「改革」がスローガンとなっている。しかし、一九九〇年代は、改革を口にするだけで過ぎ去ってしまった。私はある国語関係の審議会の委員をしているが、そこで痛感するのは、「スピード感の欠如」だ。その会は、文部科学大臣からの諮問《しもん》に答えるという形を取っている。当初一年で答申を出す予定が、前置きの議論だけで一年を費やし、二年に引き延ばされた。

ビジネスの世界では、決断のスピードが何よりも重要だと言われる。スピードがあれば、たとえ判断が誤っていたとしても、すぐに道を修正することもできる。現実を変えることができるのは具体的なアイディアだけだ。具体案を提示できない者は、責任ある立場に身を置く資格はない。具体案を発案し、決定し、現実の行動に移していく。このスピード感が「改革」には何よりも大切なものだ。

こうした現代日本のスピード感の欠如と明治維新における迅速な改革を比較したと

き、改めて幕末から明治維新を支えた人々の総合力に感嘆の念を覚える。

明治維新を起こし、形にした人々は、当然の事ながら明治生まれの人間ではない。江戸時代後期から幕末にかけて生まれ、明治維新以前の教育を受けた人たちこそが、この大改革の立て役者である。

現在私たちが当然のこととしている学校は、明治以降に制度化されたものだ。それ以前の主立った教育システムとしては、寺子屋、私塾、藩校といったものがある。この中でも藩校は、各藩における公教育機関である。幕府の各藩に対する統制は非常に厳しかったが、教育に関しては、基本的に各藩に任せられていた。

藩校は、いわば地方分権独立型の公教育機関である。藩校は、江戸時代の初期からあったわけではない。主に近世の後期に開講されたものが多い。石川松太郎『藩校と寺子屋』（教育社）によれば、藩校が設立されていった情勢は次のようである。

「総藩数二七六のうちで、資料不足のために藩校があったのかどうかさえわからない二一藩、年代不明の四藩、および明治時代にはいってはじめて藩校をもうけた三六藩との、計六一藩をのぞいた二一五藩が、慶応三年（一八六七）までに藩校を建営していたことになる。この二一五藩のうち一八七藩まで、つまり約八九パーセントにあたるものが、宝暦から慶応にいたる一一七年間（一七五一―一八六七）に藩校をもうけている。この結果からすれば、藩校は、諸藩が富国強兵の政策に力をいれた近世後期が最盛期であり、この期において教育史上にもっとも重要な役わりをはたし意義をにないえた教育機関であった事実が判明する」

藩校は、各藩が富国強兵をはかるための教育機関であった。ただし富国強兵といっても、外圧に対して直接危機感を持ち課題意識を持って臨んだものだけではなく、平常時における統治・管理者としての武士の能力を引き上げるねらいのものを含んでいる。

従来、武士の世界は、世襲制の門閥格式が優先されてきた。武士の世界における出世は、生まれで決まることが多かったのである。しかし、藩の財政が厳しくなり、新田の開発や、製糸業などの産業の発達を促進させるためにも、広く人材を登用する必要が出てきた。武士という階級の中の、中・下層に属しているものでも、資質があり努力をする人間ならばどんどん登用していこうということだ。この方針を形にしたのが、藩校であった。

現在では競争を、個性を侵害するものとして敵視する人も多い。しかし、この藩校においては、競争できるということは、むしろ自由を意味した。身分だけで決まってしまうのではなく、能力次第で頭角を現すことができる。これは、公平であり学校というもののよさである。

藩校は、広く門戸を開くことによって、藩内における才能を見いだすことが大きなねらいの一つであった。そしてその資質に徹底した訓練を施し、磨きをかける。この能力開発によるエリート育成が、藩校の中心的な課題であった。

2. 天才たちを生み出した藩校

諸藩の藩校からは、数多くの俊英たちが輩出された。具体的に見ていきたい。

津和野藩の藩校は、養老館といった。養老館が輩出した天才には、西周《にしあまね》と森鷗外《おうがい》がいる。西周は、津和野藩医の子として一八二九年に生まれた。脱藩して蕃書調所《ばんしょしらべしょ》に出仕した後オランダに留学、大政奉還前後に徳川慶喜《よしのぶ》の政治顧問となった。明治政府では、軍人勅諭の起草に関係し、啓蒙《けいもう》活動を行った。西による翻訳語は数多い。

養老館で学んでいた頃の西のエピソードは、楽しい。奈良本辰也編『日本の藩校』(淡交社)によれば次のようだ。

「輪講の順序をきめる鬮《くじ》にあたるとたいていのものは昼夜兼行で下調べをやり、それでも辛うじてなんとか責任をすませるぐらいのところであった。西は、自分の番がちかづいても昼寝ばかりしていた。いざ講釈の席についてもすこぶる体裁がふるわなかった。袴《はかま》の腰などはうえのほうにずりあがっていることもあり、しきりに欠伸《あくび》をするのであった。しかしいったん意見を述べはじめると、彼の説はことごとく人を肯《うなず》かせ、きく人の意表に出るのであった」

藩校といっても、のんきな空気もあったのだと微笑《ほほえ》ましくなるエピソードだ。藩校では基本的に学力が評価されたので、西周のような秀才は多少の自由が許されたのであろう。

藩校の基本は文武両道だ。文学・武術に好成績をあげた養老館の生徒は、藩主直属の青年武士集団である朝日組に編入することができた。その制服を着た者たちは、養老館の生徒の向学心を刺激した。

養老館の学科の中心は、他の藩校と同じく儒学であったが、様々な分野の学問もカリキュラムには入っていた。

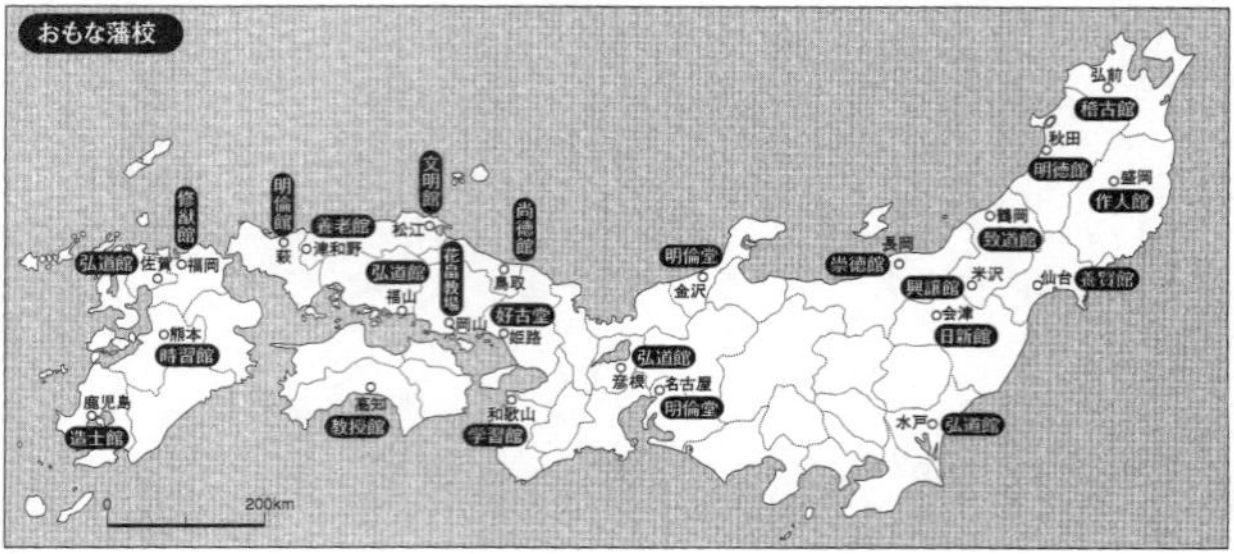

森鷗外も儒学を中心として、こうした教育を受けた。島崎藤村は津和野の養老館を訪れたときの印象を『山陰みやげ』の中でこう書いている。

「養老館の跡を訪ねるころはそろそろ薄暗かった。ここは鷗外漁史の生地と聞くもなつかしい。養老館には学則風のものを書いた古い額も残っている。国学・漢学・医学・数学・武術——鷗外漁史の学問にそっくりだ。人の生れて来るのも偶然ではない。構内には郷土館もあり、図書館があり、集産館の設けもあって、小規模ながらに津和野ミュウゼアムといえるのもめずらしいと思った」

長州藩の明倫館からも優秀な人材が輩出されている。吉田松陰は、山鹿流軍学師範として兵学教場の一室で教えていた。その教えを受けた中に、木戸《きど》孝允《たかよし》がいた。明倫館にとって欠くことのできなかった人物としては、山県大華《やまがたたいか》と村田《むらた》清風《せいふう》の二人がいる。この二人が、カリキュラムをはじめとして様々な改革を行った。当初明倫館では、藩士の子弟は私塾や父兄によって素読・習字を学んだ上で入学してきていたが、改革によって七、八歳の児童を小学生の課程に入れることとなった。小学生が終わると大学生となる。その境目はおよそ十五歳とされていた。これは本格的な一貫教育だ。

会津藩の日新館は会津精神を藩士たちに植えつける強力な教育機関であった。会津藩士は、その高い武士道精神をもって天下に名を知られている。その源流には、名君といわれた藩主保科正之《ほしなまさゆき》の思想がある。保科正之の精神は、会津論語とも呼ばれる『家訓十五ケ条』として人々に受け継がれていった。

日新館の教育は厳しく、徹底したものであった。ここで藩士の子弟は会津魂を叩《たた》き込まれた。試験がたびたび課され、進級を義務づけられていた。

「この日新館に、会津藩士の子弟は、すべて入学が義務づけられていた。十歳になるとまず素読所にはいる。小学とも呼ばれる二階建の校舎で、素読所は第一等から第四等にまで分かれていた。まず第四等に入学し、順次考試によって進級していくのである。年齢は、第三等は十二歳、第二等は十四歳、第一等は十六歳と定められていたが能力に応じ進級を許すという天才教育をほどこしている。素読所は大体十六歳未満で卒業することになっていたが、考試に合格しないものは、別に設けられた年長席で、長男ならば三十五歳、次男以下ならば二十一歳まで、勝手に退学することは許されなかった」(『日本の藩校』)

日新館では、中国の四書五経だけではなく、独自の教科書を作成していた。その代表的なものに『日新館童子訓』がある。わかりやすく興味を引くエピソードを取り混ぜてつくられている。中心は親孝行や武士の面目に関するものである。恩に報いることを徹底して教え込まれた。

この教育の徹底は、藩のために命を投げ捨てた白虎隊の悲劇を生んだ。会津の教育は人々の心の奥深くに染《し》み込むものであった。廃藩置県から一世紀以上経てもなお、「会津人」や「会津魂」という言葉は死んでいない。現在までも影響を与え続ける会津魂の伝承の中心が、藩校日新館であった。

藩校には、地方分権的な特色が出てきやすい。全国規模に比べると、特色を出しやすいのだ。鹿児島の造士館は、その典型的な一例だ。開明的な藩主として名声の高かった島津斉彬《なりあきら》は、自らの特色を出して造士館を改革した。わずか七年半という短い治世の間に、教育政策を徹底し薩摩藩の地位を高めた。城内に文武講習場をたて、自ら修練に励んだ。造士館をたびたび視察し、抜き打ち試験を行い、優秀な者には賞を与えた。また学費の援助や、郷村ごとに学校を設立したりもした。

学問の内容に関しても、朱子学一辺倒ではなく、国学や洋学にも関心を寄せた。幕府の厳禁する海外渡航を企て、留学生を送ろうとした。斉彬の死んだ後に、この志は受け継がれ、寺島宗則《むねのり》や森有礼《ありのり》らは、海外渡航し、ロンドンに渡った。

島津斉彬の開明的な精神は、武士たち、とくに下級武士たちに受け継がれた。西郷隆盛はその一人だ。早くから斉彬に見いだされ、厚い信頼を受けていた。大久保利通《としみち》も斉彬の影響を受けた一人だ。つまり、斉彬の教え子たちが藩政をリードし、明治維新において活躍したということだ。

薩摩藩は、外国列強の脅威を感じやすい状況にあった。斉彬は、蘭学講習所を創設するとともに、オランダの教育制度も調査させている。そのときの沙汰《さた》は、厳しい鎖国政策の折りとも思えない開明的な内容だ。

「近代外国船毎々渡来通信貿易ヲ願ヒ日本ノ武備整ハザルヲ侮《あなど》リ暴威ヲ以《もっ》テ迫リ素志ヲ達セントス　兎《と》角《かく》彼ヲ知リ己レヲ弁ジ彼ノ長ヲ取リ己レノ短ヲ補フノ目的ヲ以テセザレバ是《これ》マデ通リ世界ノ情実ヲモ知ラズ我慢ナル心得ニテハ相済マザルナリ、就テハ第一通弁ヲヨク開キ彼ノ情意ヲ詳《つまびら》カニシ彼《か》ノ事実ニ通ズルコト急務ナリ」(『日本の藩校』)

藩校は基本的には、四書五経を中心とした儒学教育を柱としていたが、柔軟性を持ってもいた。幕府が管理する昌平坂学問所は、儒学版の象牙《ぞうげ》の塔となっており、時代の急変に到底対応できるものではなかった。むしろ妨害する役割を果たしていた。これに対して藩校は、それぞれの藩の事情を背景として、それぞれに対策を講じていた。

３．技化させる教育方法――文武両道

藩校のカリキュラムの基本は、文武両道だ。主に午前中が四書五経を中心とした文の教育で、午後が武道の教育であった。武士であるから武術の稽古《けいこ》は当然と思われるが、しかし実際には、武術が学校教育のようにカリキュラムとして組み入れられるのは藩校の創設を待たねばならなかった。

武道の稽古は重要視されていたが、実際には意欲的でない者も多かったという記録がある。弓術、馬術、柔術、槍術《そうじゅつ》など様々なカリキュラムがあったが、稽古という名目で、実は外出して遊び回った者も多かったという回想が久米邦武《くめくにたけ》の回想録にある。

藩校は、現在の学校教育と同一視はできない。というのも、大の大人が生徒であり続けていたからだ。二十代、三十代は言うに及ばず、老齢になっても、藩校に所属するということもあった。こうなってくると、学校というだけではなく、一つの役所勤めの観がある。

はじめ、藩校は階級的な差別観に立っていた。しかし、藩全体のレベルアップを目指すために、文武の修業をしない者は跡目を継げないとしたりしている。出席を強制

し、義務教育化したのである。藩校での成績が役職に就く参考資料になってきた。つまり実力本位への変化を藩校が推し進めたということである。

現在の私たちが藩校から学ぶことの一つは、身体の重視だ。武術を中心とした身体の鍛錬は、精神的なねばり強さをも鍛える。勝海舟は、『氷川清話《ひかわせいわ》』の中で、自分が本当に修業したものは剣術と禅ばかりであったと述べている。その二つの身体的な鍛錬が、後の勝海舟を培《つちか》ったのである。

現在の教育は、あまりにも身体的な側面を軽視している。人間は体力が落ちれば気力が落ち、脳の働きも鈍ってくる。速く走ることができるということが問題なのではない。身体全体にみなぎる力の感覚が重要なのだ。

武術の鍛錬は、身体の中心感覚を養う。臍下《せいか》丹田《たんでん》を中心にして、エネルギーをからだ全体に満ちあふれさせる鍛錬である。こうした身体づくりは、長い人生を気力を充実させて生き抜いていくためには実に重要なことだ。肚《はら》が錬《ね》れている、ということは大局的な観点に立ちキレずにねばり強く考えることができるという資質を示している。この資質を養うためには、身体を通じた鍛錬が効果的である。

身体を鍛錬するというと、すぐに「強制的だからいけない」と過剰反応する傾向が教育界にも根強い。しかし、身体に中心感覚がなく、力を感じることもない状態は、当人自身にとっても辛《つら》い。社会に出たときに通用しない人間を輩出するのでは、学校教育としては問題がある。無論武士の鍛錬のようにはなしえないが、身体をしっかりと鍛え作り上げることは、人生を充実して過ごすためにも重要だ。身体の教育を、富国強兵とセットにしてのみ捉《とら》える見方はあまりにも狭いと言える。

4．素読の合理性

素読という学習法に関しては、長い間その真価が忘れ去られてきた。

藩校入学以前に、一応の素読を終えていることを前提としているケースが多い。また藩校の中でも、五、六歳から素読教授を行うところも多い。現在の小学校の国語教育からすれば、すべてが大変なエリート教育だ。最高水準のテキストを、ひたすら音読し身に染み込ませる。耳から聴き、声に出して、言葉を身体に技化していく学習スタイルは、実は大変効果的なのだが、戦後とりわけ素読は「強制的だ」という理由で排除されてきた。

私自身は、小学生対象の塾において、素読を中心とした学習カリキュラムを運営している。実践してみればはっきりとわかることだが、これは実に効果的な学習法だ。

最近、東北大学の川島隆太教授が、音読するときに脳がもっとも活性化することを脳科学の見地から発表した。声に出して優れたテキストを読み上げることは、素朴なようだが、実に効果的な学習法なのである。

素読という学習法が軽視された背景としては、身体の側面の軽視とともに、素読に対する誤解がある。素読を、意味が全くわからなくてもいいからただひたすら繰り返して音読すること、と理解している人が少なくない。言うまでもなく私自身は、意味も全く分からずに繰り返すというやり方には明確に反対だ。およその意味は説明しておいたうえで、繰り返すことにいっそうの意味がある。意味も全く分からない状態で繰り返すことは、苦痛である。もちろん完全な理解は幼いうちに望むことはできない。しかし論語にせよ、小学校一年生でもおよその意味は推測がつくものだ。しっかり説明をすることは素読の効果を妨げるどころか効果を倍加させる。意味を教えないということをもって誇りとする教育者は、間違っていると私は考える。

では、江戸時代の藩校教育における素読は、どちらのスタイルだったのであろうか。これは実は、しっかりと文脈を把握する作業を伴う素読であった。石川松太郎『藩校と寺子屋』によれば次のようである。

「素読は、漢学をまなぶのにあたっていちばん初めにとりかかる学習段階で、声をあげて文字を読み文章をたどる作業である。けれども素読を、意味にも内容にもかまわず、ただ棒読み・棒暗記だけの作業と解してはならない。同じ『悪』という字でも『お』と読むのと『あく』と読むのとでは意味がまるでちがうし、『殺』という字も『さい』と『さつ』との読みかたの相違で、意味がまったく別になる。とりわけ近世で行われた素読というのは、漢文〔という外国文〕を国文化して読む作業、意味を読みとる作業だったから、句読の切りかた、訓点のつけかた〔読みがな・送りがな〕次第で、文章の意味がどのようにでもかわるのである。それゆえ素読は講義や独看にまでつながりをもって、思想体系の一環をなすだいじな基礎工作であった」

実に明快な素読の理解だ。「意味などわからなくてもいい、ただひたすら繰り返すことが必要だ」という誤った素読理解に対して、まったく異なる理解を事実から提出してくれている。音読を生徒にさせてみればわかるが、その読み方で、内容理解の質ははっきりとわかるものだ。意味を取って読んでいるかどうかがはっきりとこちらに伝わってくるのである。ましてや意味次第で読み方が変わる場合などは、文脈を理解する力が、そのまま素読で問われることになる。こうなると、素読は実に優れた意味理解を含んだ学習法だとなってくる。

そのうえで、素読には「繰り返して技化する」というトレーニングの要素が核としてある。これは現在のゆるい教育にとっては、非常に参考にすべき内容を含んでいる。言語も、身体文化と同じく、繰り返しによって身につけるべき技なのだ、という観点は実に重要である。

近世においては、現代の学校教育以上に読書力が重視されていた。この素読から始まり読書といわれる広く読む行為へとつなげていく。

「この素読教授には三つの段階があって、一字一字、一句一句を正しく読みあげる学習〔第一段階〕についで、早く読み長く読みつづける学習〔第二段階〕、ふつう復読と呼ばれる段階にすすむ。復読にあたっては、とり読み、輪読のような競争意識にうったえる集団学習も行われた。素読の力がすすんだところで、まだ教えたことのない書物〔多くは歴史の書〕を自分の力で読ませる。つまり『広く読む』ことによって読書力を拡充させる学習〔第

松江藩　文明館　教育課程（文久二年制定）

方法	等級	書目
素読	入学	三字経　千字文　孝経
	初等	大学　中庸　論語　孟子
	八等	春秋　詩経　易経
	七等	書経　礼記
質問・対読・会読	六等	孝経　小学
	五等	大学　論語
	四等	孟子　中庸　近思録
	三等	詩経　書経
質問・対読	二等	礼記　春秋　易経
	一等	諸子百家ノ書

石川松太郎『藩校と寺子屋』（教育社）より引用

三段階〕となり、ここまでくると、素読のうちにはちがいないが、しばしば『読書』ととなえられた」

実にしっかりとしたカリキュラムだ。最高の内容を持つ難易度の高いテキストを徹底的に繰り返し読むことで、他の本はより易しく読めるようになる。このやり方は合理的だ。

藩校のカリキュラムで注目すべき点は、同じテキストがレベルが上がってもう一度出てくるということだ。いわばテキストが循環しているのである。テキストの内容の難易度以前に、どういう形態で学ぶかという点に「級」を立てる意味が込められていたということだ。

5．素読と会読

長岡藩　崇徳館　教育課程（文化五年制定）

素読	質問
四書・五経・唐詩選・古文真宝・李翰・蒙求・文選	小学・近思録・四書・五経・左伝国語・二程全書・史記・漢書

石川松太郎『藩校と寺子屋』（教育社）より引用

長岡藩の場合は、大きく教育の形態が素読と質問の二つに分けられている。学習の教材ではなく、学習形態でレベル分けをしているところに、見識の高さがうかがわれる。

素読を終えた子どもは講義を受け、教師の指導のもとに理解を深めていく。生徒が一室に集まって、互いに問題を持ち出したり討議をし合ったりする共同学習とも言うべき会読・輪講が行われる。一定の読書力と理解力を身につけた者たちが共同で学習を進めるのだ。この質問のしあいは相当効果的な学習法だったようだ。一人で考え、課題とするものを自分で選べるようになってくると、教授に「質問」する段階に進んでいく。

佐賀藩の弘道館は、この会読の講読会が盛んだったことで知られている。各人が十分に勉強をしていないと、さまざまな質問に答えられず恥をかくことになる。単なる暗記のレベルでは対応できない質問も出される。こうしたトレーニングは、現在でも有効なものだ。江戸の昌平坂学問所に遊学した者のうち、佐賀の弘道館の出身者と会津日新館の出身者は双璧《そうへき》をなしていたと言われる。

現在から見ると、朱子学や四書五経を中心としたカリキュラムは、あまりにも狭く古くさいと言わざるを得ない。しかしそれは現在の立場から言えることであって、当時の事情からすると致し方のない面もあった。現在藩校教育において注目すべきなのは、その身体に技化する教育方法である。日本語力という観点からすれば、明らかに当時の藩校教育の方がレベルが高い。漢文を読み書きすることができ、非常に格調の高い文章を書くことができる。手紙文も様々な書き方を「型」として練習していた。したがって、一般の人間の書く手紙でも、非常に質の高いものになっている。文章においても「型」が重要であることを十分に認識したうえで、技化するためのらせん的な反復トレーニングスタイルが取られていたのである。

意味などわからずに単に繰り返すというものでは決してなく、深い理解に進んでいくためにテキストをらせん的に組んでいく。この考え方は、現在の国語教育の質的低下を目の前にしたときに、十分学ぶべきものがあると考える。

幼い頃から最高のものをテキストにして、反復練習をして身につけていく。これは現在ではエリート教育と見られるだろう。しかし、そのようなエリート教育を当たり前のように行っていた藩校が全国ほとんど全《すべ》ての藩に成立していたということは、それだけ危機意識が高かったことを意味している。近世後期から幕末へかけての危機意識のうちの何割を、現在の日本人は持つことができているのだろうか。私は、身体と日本語（母国語）という二つの柱が、根本から崩れていっているように感じている。この二つの柱に関して言えば、幕末よりもより深刻な事態が進行しているのだ。

幕末の大変動を乗り切り、明治維新を成し遂げたのは、数人の天才の力によるものではない。数百人、数千人、いやもっとそれ以上の単位の意識の高い人々が、実行力を示した結果である。こうした高い水準の知力と胆力とを併せ持った人々を支えていたのが、藩校であった。身体と日本語力のトレーニングこそが、多くの天才を輩出する母体だったのである。

第7講のまとめ

1. 耳から聴き、声を出して、言葉を身体に技化していく「素読」から学ぶことは多い。
2. 最高の内容をもつ難易度の高いテキストを繰り返し、らせん的に読みこなすことで、他の本も易しく読めるようになる。

第8講

スター誕生！

タイトルロゴも懐かしい番組収録風景。歌っているのは、グランプリを獲得した清水由貴子。　写真提供・日本テレビ

1．アイドルを生みだす怪物番組

この写真（本講扉）を見ると、いやあ、懐《なつ》かしいですね。ほんとに懐かしい。毎週見てましたから。番組の第一回の放送は、一九七一年の十月三日。制作した局は日本テレビ。それから番組は十二年間続いた。私は一九六〇年生まれなので、およそ番組と十代の時期を共有したことになる。

私が十代であったから余計に感じたことかもしれないが、この『スター誕生！』という番組は、見ている子どもの方も参加している気分を味わうことのできる番組だった。何しろオーディションを受けに出てくるスター志望者のほとんどが、中学生くらいの若い女の子たちだった。すごい美少女や極端に歌の上手《うま》い子が出てくるとは限らない。むしろ、それほどでもないと思われる子どもがたくさん出てくるのだ。これでは見ている側が、「もしかして自分もアイドルになれるかも」と錯覚したとしても不思議はない。そんな雰囲気の番組だった。

この番組から出たアイドルとしては、第一号が森昌子、それから桜田淳子、山口百恵と続いていく。この三人が「花の中三トリオ」として、この番組出身のアイドルの顔になった。その他にも、片平なぎさ、岩崎宏美、ピンク・レディー、石野真子、柏原芳恵、小泉今日子、中森明菜といったビッグネームもこの番組から輩出した。清水由貴子やマッハ文朱《ふみあけ》もこの出身だった。大スターにはならなかったが、この番組をよく見ていた者にとっては懐かしい、城みちる、伊藤咲子、切なくなる名前の岡田有希子といった人たちもいる。おっとっとそういえば、あの新沼謙治も左官職人の時に何度も予選に応募して苦節のデビューを飾ったのであった。

山口百恵やピンク・レディーを一人出しただけでも大きな社会的影響を与えたことになる。それがこれほど連続的にビッグアイドル輩出を続けてきたとなれば、これは完璧《かんぺき》な怪物番組であり、アイドルという一種の天才を生む組織（システム）であったと言うことができる。

放送時間は日曜の昼十一時から五十五分間であった。この時間帯はあまり視聴率のとれない死に時間だとされていた。しかし、この番組が全盛の頃は二〇パーセント以上の視聴率をとり、私にとっても日曜のお昼前と言えばこの番組の印象が強かった。予選に応募してきたハガキの総数は、延べ二百万通を超えるという。その中からデビューしたのは、八十七組九十一人であった。一人でハガキを何通も出す人も当然いたので、二百万人ということではないのだが、途方もない数字であることは確かだ。応募者のほとんどは十代であった。デビューした中から一応成功したと言えるアイドルになったのは、およそ三分の一だ。これは相当高い確率である。この高い確率にもこの番組のスタイルが影響している。

2. 新しいスタイルのスカウト番組

『スター誕生！』という番組は新しいスタイルを作った。ではこのスタイルとはどういうものだろうか。

私は「スタイル」というものは、一貫した変形作用だと考えている。ふつうのスカウト番組とはここが違う、というポイントがいくつかあって、そこに一貫性がある。そうした場合に、新しいスタイルのスカウト番組だと言える。

この番組のスタイルを理解するのにキーワードを用意するとすれば、新鮮さ、ガラス張りの透明度、フォローアップ体制（家族的な雰囲気）といったところになる。

まず「新鮮さ」という点から見てみたい。

3．新鮮さの基準の発見

この番組のおもしろいところは、進化していったというところだ。計算はもちろんするのだが、その予想を超えたところで大きな事件が生まれてくる。選択の基準があらかじめはっきりしていたというよりも、出てきたアイドルによって、新たな基準が作られていった、というのが実情だ。

第一回の決戦大会のチャンピオンが、中学生の天才歌手森昌子であったことから、応募者の中心が一気に中学生になっていった。番組を作っている側が、森昌子のような存在を想定して選択基準を作っていたわけではない。

番組プロデューサーの池田文雄は番組の回想録でこう書いている。

「ともかく、あの歌のうまさは天才的としかいいようがなかった——。予選会で、彼女の歌う『涙の連絡船』を聞いたときは、僕は思わず「ウーッ」とタメ息が出てしまった。同時に背中にゾクーッと来るのである。このゾクーッはその後の予選会でも何回か経験する」（『テレビ人生！　そんなわけで!!録』コアラブックス）

しかし、森昌子登場以前には、番組のアイデンティティは必ずしも確立していなかった。番組の企画者の一人であり、番組審査員も務めた、作詞家の阿久悠《あくゆう》は、『夢を食った男たち 「スター誕生」と黄金の70年代』（小池書院）で番組当初の応募者についてこう書いている。

「番組の応募者は、相変わらず歌い方の上手な人が主流で、予選会で目立ちたいだけの人々と競い合うと確実に勝ち上り、本選に登場して来るのであった。

のど自慢、もしくは、歌合戦という観点で見れば申し分のない人たちで、その半数以上は鐘三つを鳴らす実力を備えていただろうが『スター誕生』は、それで良しとするわけにはいかなかった。

極端なことをいうと、見たこともないタレントを発見したかったわけで、その見たこともないが何なのか、摑《つか》みきれないための悶《もだ》えであった」

「新鮮さ」を求めていることはわかっているのだが、それがどんな新鮮さなのかはわからない。その問いに、何千人、何万人に一人という、アイドルとして天才的な資質をもった少年少女が答えを出していく。そんなダイナミックな番組の展開であった。

この番組のおもしろさは、はじめから歌の上手さをあまり問題にしていなかったという点だ。同じオーディション番組でも、『全日本歌謡選手権』の方は、五木ひろし、八代亜紀らを生み出したことでわかるように、歌の上手い人間が何年も歌手になることを夢見ながらチャレンジする、そんな性格の番組であった。阿久悠は、新しい番組の審査基準としておもいきった提案を審査員たちにしていた。

「下手を選びましょう。それと若さを」

この言葉の真意は、いわゆる上手そうに思える完成品よりも、今は未熟であっても、何か心に感じるところのある人を選ぼうということであった。

毎週放送する番組の出場者は七人である。そこで二五〇点以上の得点を得た者は、決戦大会へ出場する。決戦大会には、プロダクションやレコード会社などが来てスカウトをする。全国放送に登場する七人に絞り込む予選会がハードだ。アイドルの天才としての資質を見極める作業を瞬時に行わなければならない。予選会のやり方は次のようだ。

「『スタ誕』は一応中学生以上を対象にして、オーディションをした。1回のオーディション、いわゆる予選会で一日平均400～500人、多いときは一日600～900人の少年、少女達が受けに来た。この400～500人を何組かに分けて、日曜日一日をつぶして延々と審査したが、その第一次審査では一人につき30～60秒ぐらいしか審査できない。30～60秒では短かいと思われるかもしれないが、まあ、歌のスタートを聞けば応募者の素質はわかるもので、予選の一次を通過するのは100人に一人ぐらいの割りだったと思う。そして40〜50人に残った人を第二次として、もう少しゆっくり歌を聞いたり、質問したりしてテレビ出演を許可するのが、6人か7人である」（池田前掲書）

まさに「ふるいにかける」作業だ。自分たちの審査基準をクリアするかどうかが予選会では当然重視される。しかし本当に天才アイドルとして世に出るケースは、審査員に驚きやインパクトを与えるというケースも多い。

何か光るもの、新鮮な印象を与えるもの、この漠然とした基準をはっきりとしたものに変える出来事が起こった。桜田淳子の出現だ。

私も記憶しているが、彼女は白いベレー帽をかぶり、非常に華やかな明るい雰囲気で歌い踊った。まだカラオケ以前のことで、人前で歌って踊ることは恥ずかしいと感じる人が多かった時代だ。桜田淳子の華やかな雰囲気は確かに新鮮だった。阿久悠はこう印象を書いている。

「神がかり的なことを言うようだが、至極平凡な少年少女の輪の中で一人だけ、浮き上がって見える、あるいは、淡い蛍光色に光るように思える少女がいた。演出を心得ているのか、白いベレー風の帽子をかぶっていて目立ったが、大人の興奮が白い帽子で誘われるものではなく、彼女自身が発散している、彼女自身も気づかぬ何かが立ちのぼっているとしか言いようがなかった」

桜田淳子は、美空ひばりのような絶対的な歌の上手さをもった特別な存在ではない。だから、この番組の性格とマッチしていなければ、かわいいけれども歌のそれほど上手ではない若い女の子として切り捨てられていたかもしれない。阿久悠は続けてこう書いている。

「桜田淳子の出現は、少々大仰な言い方をすると、それまでどことなく曖昧《あいまい》であった審査基準、つまり、ぼくらが求めているテレビの時代のスター歌手のイメージを、決定づけるだけの効果があった。

秋田県の中学生、十四歳のさほど歌のうまくない少女に賭《か》ける期待としては、いささか壮大すぎるかもしれないが、彼女が一人の歌手としてどうこういうのではなく、彼女が存在し、彼女が歩くことが、時代の旗振り、今風に表現するならトレンドを決定できると思ったのだ。（中略）

うまいとか、心をうつとかの他に、光るという要素が重要であることがわかり、時に、それは、うまいという技術を凌《しの》ぐことがあるとさえ思った」

それまで作り手側においてもはっきりとはしていなかったスターの基準が、このとき明確になったのであった。これ以降は作り手側、応募者側ともに、桜田淳子を一つの理想としたスターの基準を共有することになっていく。桜田淳子は決戦大会において、二十五社のプラカードが挙がるという、その後も破られない記録を作った。しかし、この番組のおもしろいところは、応募者や作り手側の意図を越えて現実が展開するというところにあった。桜田淳子の三ヶ月後に登場した山口百恵は、第二の淳子、もしくは地味な淳子という捉《とら》えられ方をしていた。実際デビュー曲の「としごろ」ではもう一つスタイルがはっきりしなかった。しかし二作目の「青い果実」ではセンセーションを巻き起こした。なかなか大胆な歌詞であった。私も中学校で友達と、あれはすごいなあと話した記憶がある。そこからは宝石の原石が磨かれるように、輝きを増していった。誰もが想像をしていないところにまで、いろいろな力の相互作用によって、一人の人間の魅力が磨かれていく。そこに天才を生むシステムとしての、この番組のおもしろさがあった。

4．フォローアップ・システム

この番組が天才を生む組織として優れていた点として、デビューまで、あるいはそれ以降までのフォローアップ体制がある。番組に出演して点数を競い合いそれで終わり、というのではテレビに出ただけということにもなってしまう。レコード会社の自発的なスカウト意志だけに期待していたのでは、オーディション番組としては弱い。実際にスターをつくっていかなければならないのだ。そのためには、所属プロダクションとレコード会社の二つをしっかりと、合格者にはセットしていく必要がある。

審査をし、合格者を出すというオーディション番組が多かった中で、スターになるまでを見通したフォロー体制をとっていたのは、特筆すべき事であった。決戦大会での緊張感は、見ている私達の側にも、緊張を強いるほどの真剣なものであった。プロデューサーの池田は、各プロダクションやレコード会社に、プラカードを挙げるときは決してただいいからといって挙げないで欲しい、挙げるときは会社の方針として決定する意志をもって挙げて欲しいと要求していた。真剣なドキュメントであった証拠に、決戦大会でどこの会社からも手が挙がらなかった子たちをスタッフが懸命に慰めた。

フォローアップ体制をしっかりさせていたことで、この番組は家族的な一体感を生みだすことにもなった。池田文雄はこう語っている。

「ほかのタレント・スカウト番組と違う大きな要素は、スターを生み出しっ放しにはしないことですね。タレントが生まれた、プロダクションやレコード会社も決まった、そして売り出す日も決まったら連携して番組に出すわけです。いちおう5週間はテレビに出して売り出しをフォローしてやる。欽ちゃんは『キミたちのなかから出たスターだよ』と、さかんにいってアピールするわけです」（『週刊平凡』一九七四年二月十四日号）

スターが誕生するには、所属プロダクションの役割も大きい。森昌子と契約したホリプロは、どうやって彼女をスターにするのかの戦略を練った。彼女が優勝したときの歌はド演歌の「涙の連絡船」だった。しかし森昌子は、中学二年で、しかも子どもの体型をしていた。このままで演歌を歌っても、物まねやのど自慢の印象はぬぐえない。ホリプロ会長の堀威夫は『いつだって青春』（東洋経済新報社）の中で森昌子のプロデュースについて書いている。

「鳩首《きゅうしゅ》会談の末、ひとつの方向が決まった。純粋の演歌は少し先に残して、『学園シリーズ』で行こうとの結論を得た。

この企画は、実は二、三年前から男の子のために考えていたものである。前にも述べたが、舟木一夫の学園シリーズで当てたのが丁度十年ほど前になる。元来、私は〝企画循環説〟という考え方を持っている。『ヒットした企画は一定の期間を置いて必

ず繰り返される』との仮説である。（中略）

森昌子のデビュー企画が難産で苦しみぬいているとき、ふっとこの企画が頭を横ぎった。『そうだ、男にこだわることはない』。それからは霧が晴れたようなもので、今までの苦しみが嘘《うそ》のように、デビュー企画はすんなりと決まり、早速『スター誕生』の審査委員長でもある阿久悠先生のところにその案を持って行った。

阿久先生もこの案に大乗り気で、『いっそ三部作で行って、仕上げは〝中学三年生〟で行こう』との逆提案を受ける始末。さすがに『中学三年生』そのものずばりのタイトルに照れて躊躇《ちゅうちょ》する私に、阿久先生曰《いわ》く、『ここまでしっかりした基本ポリシーがあるのだから、妙な照れが一番いけない。〝中学三年生〟で行きましょう』と強く進言され、渋々ついてゆくことになったのが、結果的にあの大ヒットとなったわけである」

スターを生みだす大きな要素として、企画がある。素材がよくても、売り出し方を間違えればものにはならない。売り出し方といっても、キャンペーン戦略のような実際の売り方以前に、どのようなコンセプトで世の中にタレントを打ち出していくかということが肝心だ。ホリプロは、山口百恵もスカウトし大成功を収めたが、そのスカウトの裏には企画があった。森昌子と石川さゆりとの三人で「ホリプロ三人娘」を結成するという企画だ。山口百恵のスカウトについて堀は、スカウトの原点は「初めに企画ありき」の感を強くしたと書いている。

森昌子が昭和四十七年度の日本歌謡大賞の新人賞を獲得したときには、『スタ誕』スタッフ全員が涙したという。両親を説得し、親代わりになって世に送り出す。そうした家族的な雰囲気が、この番組にはあった。

私も子どもの頃大概この種の音楽賞番組を見ていたが、流される涙は本物のような気がしていた。オリンピックでメダルを獲得した選手が流す涙が本物であることを誰も疑わないように、その当時は音楽賞の涙も人の胸を打つものであった。時代がまだ熱く、すれていなかった。ドライなシステムとしてではなく、情が絡《から》まった家族的な雰囲気が、スタッフの間にはあり、それがテレビを見ている側にも感染してきた。もちろん当時も、いろいろな裏があったであろうが、とくに『スタ誕』出身の歌手に関しては、透明度が高くクリーンな印象があった。

5. 透明度とクリーンさ

阿久悠らスタッフは、番組を「ガラス張り」にすることを目指した。芸能界というところは一般に、得体の知れないもの、油断のできないもの、といったネガティブなイメージも持たれている。その胡散臭《うさんくさ》さを払いのけることが、この番組のクリーンな性格を世に訴えるためには必要であった。阿久は、スタッフ会議でこう提言する。

「いや、そういうイメージって、中が見えないところから始まっていると思う。見えないと、怪しいし、恐《こわ》い。そうすると、そこへ集まって来る人は、怪しさも恐さも平気という人ばかりになるんじゃないかな。ぼくは、今度のオーディションは、芸能界に何とはなしの畏《おそ》れを抱いている人を、どのくらい取り込めるかが勝負だと思う。だから、みんな見えるようにしたい。合格した人を、誰と誰が関心を持ち、誰がスカウトし、どういうトレーニングを受け、今どんな状態にあって、いつ世の中に出て行く予定があるのか、関わった人の顔が全国の人々にわかるようにしたいんだ。どうだろう。できないかな。そうすると、今までと全く違った環境の人や、個性の人が集まって来ると思うのだが」

オーディションからデビューに至るまで、関わった人の顔が全国に知られるようにする。これは見事な戦略だ。ふつうプロダクションの人間は表には出てこない。裏で汚れ仕事をしている印象がある。プロダクションやレコード会社の人間がしっかりと顔を出して、責任をとる形でスカウトするというシステムはこれが初めてであった。

透明度とクリーンさをはっきりと出すために、番組側は彼らに背広とネクタイの着用を要求した。また決戦大会では、社名を明示したプラカードを挙げてもらうこととした。このプラカードをはっきりと挙げるという行為で、全国に責任と義務を表明することになった。こうしたアイディアの一つひとつが、番組のアイデンティティをつくり、天才を生みだす独自なシステムを形成していった。つまり、膨大な数のアイディアがこの新しいシステムには注ぎ込まれていたということである。クリーンなイメージは、イメージとして何となく伝わるとは限らない。クリーンさがはっきりと伝わるような具体的な方法を、ディスカッションの中から見いだしていく。この会議のクリエイティブなスタイルこそが、柔軟で力のあるシステムを作る原動力となっていた。システムは、新しいアイディアを次々に酸素や血液として注ぎ込まれることによって、生き生きと生き物のように働き出すのだ。

そうした生き物としての優れたシステムから、ピンク・レディーのようなモンスターが生まれてきた。

ピンク・レディーの大ブームの後、番組スタッフ、審査員たちとアイドルの卵たちを取り巻く雰囲気が変化する。それまでは、ファミリーや卒業生と呼び合う空気があり、審査員がプロデューサーになりアドバイザーになるという一貫性があった、と阿久悠は言う。

番組が十年続いた頃、小泉今日子と中森明菜という大物アイドル二人を出して、阿久悠たちが番組から退いていく。ピンク・レディーまでのホットな雰囲気と、それ以後のクールな雰囲気との違いを阿久悠はこう表現している。

「それは、音楽業界からの空気ということもあるが、ぼくら側の精神性にも変化があって、必ずしも、すべてに関わりたい、あるいは、関わらなければならないという意欲や責任感はなくなっていた。

誰かのデビュー曲を、自分が手がける時には当然だが、そうでない時でも気にかけて、ぼくらは、まるで、教員室で語り合う先生のように、生徒の選択を気遣ったり、怒ったり、嘆いたり、喜んだりしていたのだが、それもなくなっていた」

七〇年代という、社会全体がまだ熱気を放っていた時代の中で、この番組は光を放っていた。「今ここで何かが生まれる」という期待感を、作り手側も視聴者も出場者も持っていた。闇雲《やみくも》な情熱が素直に信じられ、肯定されていた空気があった。視聴率という厳しい番組チェックをくぐり抜けることで、常に新しい何かに向かうチャレンジ精神をスタッフが持ち続けた。これもまたふつうの組織とは違うところだろう。常に全国の大量の人間の目にさらされている、という自覚抜きでは、この番組のテンシヨンの高さは語れない。その緊張感の高さが、内部での、家族的な雰囲気、あるいは卒業生という温かい学校の雰囲気を生みだしていた。アイドル達も横のつながりや縦のつながりを持った。アイドル達を見る視聴者達の側も、その子が素人《しろうと》の時に初めて出場した初々《ういうい》しい様子を思い浮かべながら応援をする、という温かい関係でテレビを見た。

生まれ出る時点に立ち会った、という感覚が重要なのであった。アイドルの天才やモンスターが生みだされていくためには、出産に立ち会った時の熱い気持ちが持続的に注ぎ込まれることが求められていた。大人が「親代わり」の気持ちで「手塩にかけて育てた」。この熱い空気が、『スター誕生!』という天才を生むシステムの中心に渦としてあったのだ。

第8講のまとめ

1. 「スター誕生！」の面白さは、応募者、選考委員、視聴者がスター選抜の基準を暗中模索しながら続いていたことにあった。

2. 選ばれただけでは才能は萎《しぼ》んでしまう。その後、いかにフォローする体制があるかが大事な教育戦略である。

第9講

漫画家の青春溶鉱炉

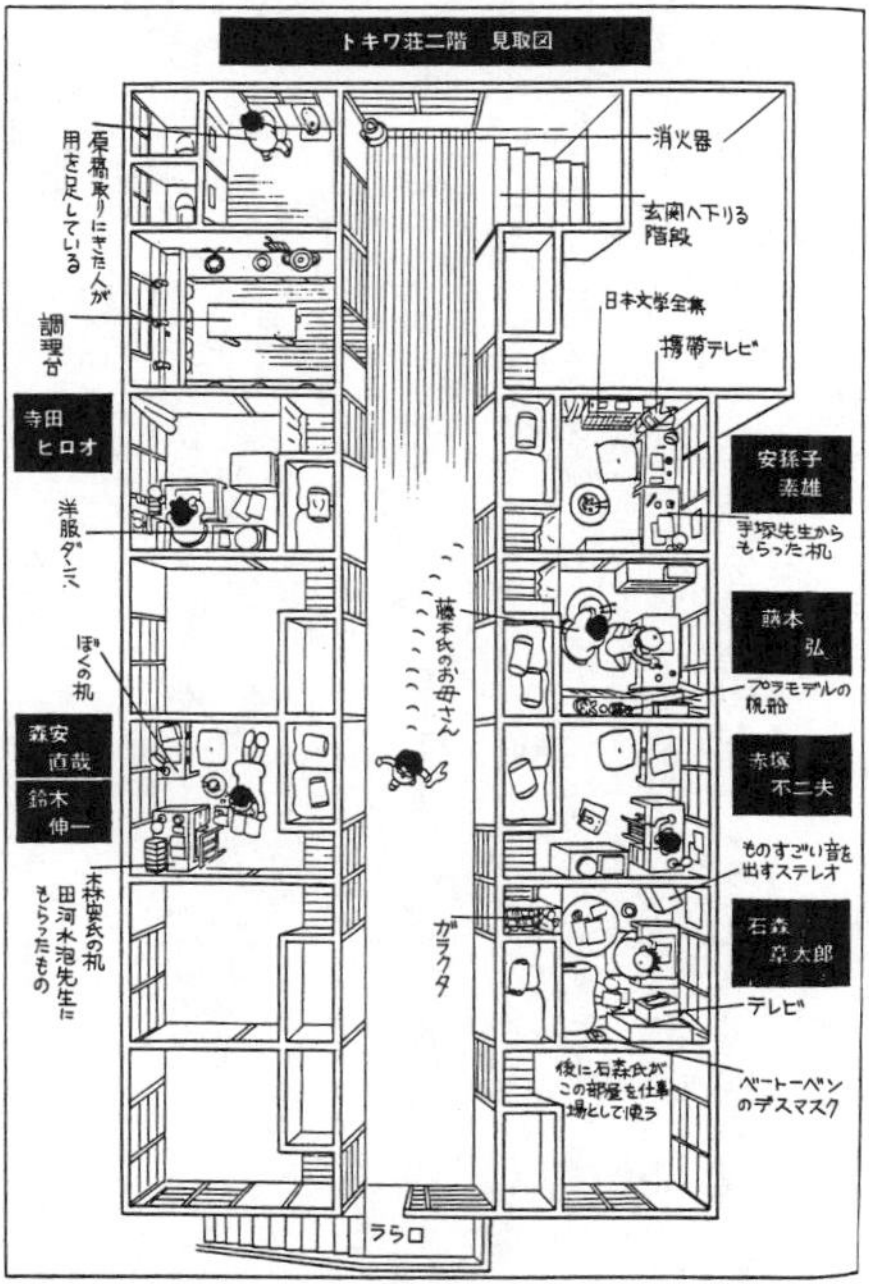

トキワ荘2階見取り図。鈴木伸一の手によるもの。

1．漫画の青春時代

トキワ荘は、日本で最も有名なアパートだ。かつて手塚治虫が住み、手塚を慕って集まった漫画家たちが次々と移り住んできた。手塚治虫が敷金をそのままにして出て行き、部屋を譲り渡してもらったのは、藤子不二雄（安孫子《あびこ》素雄《もとお》と藤本弘）だった。『スポーツマン金太郎』で有名だった寺田ヒロオ、石森章太郎（後に石ノ森章太郎に改名）、赤塚不二夫、鈴木伸一、水野英子らが共同のトイレや炊事場のあるアパートで一緒に暮らしていた。

これほどの才能が一つ屋根の下に暮らしていたのは驚きだ。才能のある人間が地方から上京し、寄り集った。それもたしかだが、このトキワ荘における共同生活が、彼らを相互に鍛える溶鉱炉的な役割を果たしていた。彼らは二十歳前後から二十代で実際若かった。そして彼らの青春時代と、日本の漫画の青春時代が重なっていた。昭和という時代の空気が、トキワ荘の生活には充満していた。

まずはトキワ荘二階の見取り図をご覧いただきたい（『トキワ荘青春日記』昭和三十一年五月頃のトキワ荘）。「オバケのQ太郎」の藤子不二雄コンビ、「おそ松くん」「天才バカボン」の赤塚不二夫、「サイボーグ009」「仮面ライダー」の石森章太郎。こうした漫画界の巨人が隣り合わせの部屋で暮らしていたのは、奇跡的とも思える図だ。才能を保証された者が集まるエリート集団、という雰囲気ではない。もちろん情熱も才能もある若者たちであったが、不安を抱えて語り合う仲間同士であった。

2．ひたすら熱く語り合う仲間

トキワ荘の住人たちは、とにかくよく一部屋に集まる。そしてあれこれと話をし続ける。観てきた映画のことを話すなどは典型的だ。一人が映画の魅力を語り出すと、聞いていた者はみな映画を観に行きたくなってしまう。そこで増殖作用が起こるのだ。次から次へと好きなものが広がっていく。

若者は人生について語り合う。私自身にも経験がある。静岡から東京へ出てきたときに、一人暮らしでは寂しいので、同郷の中学の同級生たちと同じ街に住んだ。夕飯を毎日一緒にし、銭湯に一緒に行き、語り合った。語り合った量は膨大だ。「人生いかに生きるべきか」ということが根底のテーマであった。そこには職業選択が絡《から》んでいた。

トキワ荘の住人たちの年齢は、私の学生時代の年齢と同じくらいなのだが、「語り」の内容が少し違う。彼らには職業選択の迷いはなかった。漫画家になるのだという強い決意が共有されていた。ただの人生についての悩みを語り合うという構図にはそもそもなっていない。漫画を描くという共通の目標に向かって、お互いに刺激しあい、情報を高密度に交換していったのである。

情報にとって速度や密度というのは本質的なものだ。一つ屋根の下に暮らし、いつでもすぐに集まって夜通し話すことができる。帰る心配もいらない。こうした空間的な条件が意外に大切なのだ。遠く離れた土地で暮らせば仲のいい恋人たちでも別れていくのが普通だ。関係の濃密さは、空間的な距離と密接に関わっている。まさに寝食を共にする生活は、仲間同士の連帯感を育てる。一度飲みに行ったことがあるかどうか、食事をしたことがあるかどうかということだけでも関係は変わる。ましてや志を共にした共同生活である。独特な絆《きずな》が生まれないはずがない。

藤子不二雄Ⓐ（安孫子素雄）の『トキワ荘青春日記』（光文社）から何気ない一日を引用してみよう。昭和三十一年三月一日の日記だ。

「午後、寺さん来てしゃべる。三時いっしょに風呂へいく。寺さん、今夜風ちゃん早く帰ったら一杯やろうという。うっかり『ああいいですね』と言ったが、いいですねもないものだ。しらべてみたら六十円しかない。夕方、赤城《あかぎ》ハイキングのとき、Kさんからもらった皿にだるまの絵を描く。六時、暗くなったので電灯をつけようとスイッチひねったがつかない。（中略）思いきって藤本氏のところへいき五十円借りてくる。電球六十円だった。部屋へ戻ったら風ちゃん来て、『寺さん、宴会やるといってるからいきましょう』と誘う。藤本氏誘うが『少女』の案明日までやらなければならないのでいかず。寺さん『つまみはないよ』と言うので、ついうっかり『ぼく、なんか買ってきましょう』と言ってしまう。まぐろフレーク買ってくる。藤本氏に借りた五十円消える。風ちゃん、下関にて電車で日ごと会う女の子に上京のとき思いきって声かけたという話をする。その勇気に感心する。結果はうまくいかなかった……ということだが」

語り合うことが生活の中心になっている。志を鍛え合う溶鉱炉のような空間だ。お金があるわけではないが、だからといって貧しさにうちひしがれているというわけでもない。全体の雰囲気は明るい。いかにも昭和的な人と人との温かいふれあいが感じられる。かつては、ミソや醬油がなくなれば隣の家で借りたものだ。そうした雰囲気

映画ばかり見てストーリーを練り上げていった。
赤塚不二夫『トキワ荘物語』より。

は豊かになるにつれてなくなってきた。こんなに関係が近かったら息苦しく感じてしまう人も今では普通だろう。時代全体に、人と一緒にいることを後押しする雰囲気があった。

彼らの話題の中心の一つに映画があった。彼らが師匠と仰ぐ手塚治虫も映画から多くのアイディアを得ている。その影響もあり、映画をとにかく観まくった。ただ観るのではない。それで語り合うのだ。たとえば今引用した日記の昭和三十一年八月十四日はこうなっている。手塚治虫から譲り受けていた敷金三万円を藤本弘と一緒に返しに行った日の帰りだ。

「藤本氏と池袋へ出て、池袋劇場で、『地獄の埠頭《ふとう》』『勇者のみ』を見る。『勇者のみ』、ゴードン・ダグラス監督のサスペンス西部劇。暗闇《くらやみ》から音もなく襲ってくるアパッチ。西部劇というより、一種の恐怖映画である。グレゴリー・ペックの、砦《とりで》の指揮官がいい。

映画館から出て、近くの食堂へ入り、オムライスを食べながら『勇者のみ』について話す。いちばん楽しい時間である。二人して気分盛り上がる。『勇者のみ』みたいな痛烈なアクション漫画も描きたいな、と話す。これからは漫画のジャンルもどんどん広がっていくだろう、二人でそのパイオニアになろう！　などと」

石森章太郎と赤塚不二夫は親友同士であった。石森に誘われて赤塚はトキワ荘に入る。彼もまた石森と一緒に映画をとにかくたくさん見歩いた。

映画という共通のテキストを共有することで、会話のレベルは格段に高まった。漫画を描くという目的だけでつながっている仲間ではない。漫画家を目指すのに漫画だけを読んでいた時代ではない。モデルになる漫画が当時は少なすぎた。文学や映画というレベルの高い世界へのあこがれが、トキワ荘の若者たちを刺激した。いつか漫画で文学者や映画監督のような仕事をしてみたい。こうした思いが皆に共有されていた。一緒に映画を観まくる。一人が読んだ本は他の人間が借りてすぐに読んでしまう。こうして共通のテキストが増えていった。会話のレベルは共有されているテキストの質と量にかかっている。トキワ荘の住人たちの会話は、単なる「しゃべり場」のものではないレベルとなっていた。

3.「新漫画党」の寄り合い

トキワ荘の住人たちは、単なる同居人ではなかった。「新漫画党」という結社(というほど深刻なものではないが)を結成していた。寺田ヒロオを中心に、新しい漫画を作っていこうという志に燃えた会であった。研究会を結成するということ自体が、昭和の雰囲気だ。私自身の経験としても、よくアパートで読書会をやった。同じ本を読んできてひたすら話をするのだ。そしてビールを飲む。まじめといえばこの上なくまじめだが、当時はそれが一番の遊びであった。本を巡って語り合うことが何より楽しかった。研究会をいくつかつくったりもした。憶《おぼ》えているのでは、「教育ヌーベルヴァーグ」という会を立ち上げた。会員は三人しかいなかった。神保町の「さぼうる」や「伯剌西爾《ブラジル》」といった喫茶店で会合をもった。日本の新しい教育のあり方を大まじめに話し合った。実際に変革していくプランを作ってもみた。しかし、誰も相手にしてくれる者もいない状態であった。新しい運動を巻き起こす、ということがすばらしい魅力を持っていた時代であった。現在でもやる気のある若者はいる。しかし研究会を作って一つの部屋で夜通し語り合う、といった文化の習慣自体が希薄だ。研究会というものを作る慣習が途絶えたのは、左翼思想の衰退とも関係があるのかもしれない。志に燃えて結社を作る。これはワクワク感のある若者の遊びであった。

新漫画党による石森章太郎の歓迎会の様子はこうだ。

「新宿から角田次朗（まだ、つのだじろう、ではなかった）がトキワ荘にやってきた。『新漫画党』員による、ボクの歓迎パーティが開かれた。パーティと言えば聞えはいいが、あ鈴木伸一と森安直哉が〝勤め〟から帰るのを待って——、〝トキワ荘先住民〟『新漫画るものは、ビール数本、ジュースにサイダー、おつまみのサキイカ、ピーナツにカキノタネ。いるのは、ボクと赤塚を入れて総勢八人のむくつけきヤロウ共ばかり。しかも〝会場〟は、家具調度品皆無とはいえ、たった四畳半のボクの部屋だ。一度席を定めて座ってしまうと、もう……、いわゆる立錐《りっすい》の余地ナシ、という状態。だがしかしそれでも、それはやはり楽しいパーティであった」（石森章太郎『トキワ荘の青春』講談社文庫）

話題は、つぶれてしまった学童社「漫画少年」のことや映画のことだ。この寄り合いは、地方から上京した石森章太郎や藤子不二雄の二人にとって第二のふるさとのようなものであった。

「たむろという言葉がぴったりする、この形の〝寄り合い〟は、この後数年の〝トキワ荘時代〟を通じて、週一度程の割合で（多い時など連日の如《ごと》く）持たれることになるわけだが……それは、まさにパーティだった。飲みモノも、食べモノも余りなく、会場（部屋）こそ回り持ちでそのつど変ったが――メンバーにも変化はなく――それはどんな豪華なパーティにも勝るパーティだった。明るく賑《にぎ》やかで、活気に満ち、温かくホッとする雰囲気《ムード》に包まれた、それはボクの、ボクらの青春そのもののようなパーティだったのだ。ああやっと、とボクは思った。やっと第二の故郷が、安住の地が定まった。大袈裟《おおげさ》のようだが、ボクはその時、心底からそう思ったのだった」（石森前掲書）

一人で戦うのとはまるで違う仲間同士の連帯感がここにはあった。こうした集まりの熱気は、そこに交わったものの意識も変えていく。まだトキワ荘に住む以前の赤塚不二夫はこのパーティに参加し影響を受け、やがて新漫画党に入ることとなった。

「パーティが終って、みんながそれぞれの部屋や家へ引き揚げた後も、赤塚とボクは眠らずに（いやコーフンが尾を引いて眠れなかったのだが）、夜明けまで話をした。ボクらもみんなに負けないようにやろうヨ。そう、やらなくっちゃ……。喋《しゃべ》り疲れた四畳半に、明るい朝の光が差し込んで来た頃、オレもここに来たいなァ。赤塚がポツンと言った」（同右）

トキワ荘は、こうした志が渦巻く磁場になっていた。「がんばれゴンベ」の園山俊二や、永島慎二、つげ義春といった人たちも関わりをもっていた。後にビッグネームとなる者たちが、皆友達同士、知り合い同士であったのだ。これは印象派の時代とよく似ている。溶鉱炉のような燃えたぎる気運の中で才能を切磋《せっさ》琢磨《たくま》し合った者たちが次の時代の主流を成していく。個人の才能というちまちましたものではない、大きな川の流れをつくっていたのだ。一種の興奮状態が「るつぼ」となってトキワ荘に渦巻いていた。

4. 仕事を手伝い合う仲間

トキワ荘の住人は語り合っていただけではない。仕事を手伝い合ってもいた。誰かが締め切りに追われていると、背景を描く仕事を皆が手伝った。バイト代などもちろん要求しない。そんなクールな関係ではないのだ。「どんどんよこせよ、片づけてやるから」といった感じで、気持ちよく共同作業を進めていく。この話を書いていて今思い出したのだが、そういえば私が大学院の修士にいた時代は、修士論文の清書のために先輩や後輩が一つの家に集まって手伝うということがあった。私も修士の一年の時に、修士論文を書く人の家に行って手伝った記憶がある。もっとも字が下手なので大した働きはせず、寄り合いに参加していただけだが、博士課程にいる先輩たちは熱心に仕上げを手伝っていた。この伝統は、ワープロが登場してからなくなった。清書の必要はないからだ。各人が勝手に論文を書き提出する、という当たり前といえば当たり前なやり方に変わっていった。大学院生が資金をプールするということもおこなっていた。貧しい院生を助ける目的でもあり、大学院生の共同の活動を支援する資金でもあった。これもいつの間にか途絶えたように思う。お金のやりとりや共同資金作りという伝統はなくなった。大学院全体の流れとしては、院生同士の自治的な連帯よりも、指導教官による指導の力が強まったように思う。

さてトキワ荘の共同作業だが、こんな話がある。トキワ荘には、よく穴埋め（代作）の仕事が持ち込まれた。というのも、一ヶ所に大勢の漫画家が住んでいるから、ここに持ち込めばなんとかなると思ったのだろう。秋田書店の「まんが王」の編集者が、人気漫画家のギャグマンガの穴埋めを石森章太郎のところへ持ち込んできた。石森は自分自身でも描こうと思えば描けたであろうが、兄弟同然に暮らしていた赤塚不二夫にその仕事を紹介した。というのは赤塚は少女漫画の依頼を受け、自分自身のスタイルを作り上げることができずに悩んでいたからだ。ギャグ漫画ならば、赤塚が目指しているスタイルができるかもしれない、と考えたのだ。

「ギャグマンガ！

『いる。いますよ！』とボク。

おれがんばるよ!!
そうだ石森氏来月号のアイデアきいてよ
ペラペラペラ……
うん、うん
ぼくはそのとき夢中だったが石森はぼくのアイデアをよくきいてくれ、ぼくに自信をつけてくれた いい仲間をもって しあわせだった。

「ナマちゃん」が連載になった赤塚は、石森に次回のストーリーを話す。赤塚不二夫『トキワ荘物語』より。


そして二人は、隣の赤塚の部屋へ行った……。

『ねェ、聞いてヨ、聞いてヨ！』

その日の真夜中。仕事を終らせて眠っているボクを、赤塚が叩《たた》き起こした。

『……主人公は生意気なチビのガキでさア、そいつがこうやってああやって……』

構想が纏《まと》まったのだという。初の〝大仕事〟にやや興奮気味の赤塚は、眠い目をこすっているこちらにはお構いなしに、喋り続ける。

『キャラクターはこんなんだけど、どうかしら？』

『思いきって、もう少しデフォルメしたら?』

『こうか……?』

『いやもっと、二頭身ぐらいまで……』

勢いにあおられて、眠気も次第に醒《さ》めてくる。

『タイトルはどうしよう?』

『ナマちゃん』

『え?』

『生意気な子どもだからナマちゃん。こういうのは単純明快、簡単明瞭《めいりょう》がいいんだ』

タイトルが決まった時、東の空はすでに薄く明るくなっていた……」(同右)

初めての時は誰でもビビる。あの天才赤塚不二夫でさえ、新しい仕事に動揺し、「石森氏来月号のアイデアきいてよ」と相談を持ちかけているのだ。

赤塚のこのとき描いた「ナマちゃん」は読み切りものだったはずだが、発刊されたときには連載ものになっていた。話の中でどんどんアイディアを出していって、相手のプランを練り上げていく。この関係こそが、「クリエイティブな関係」だ。私は教員養成の授業で、授業案を学生たちに作ってもらっている。その際重視しているのは、他人の授業にアイディアを次々に出すことができる力だ。この力をグループごとに相互投票で判定していく。すると、その教室内でこうしたコメント力の優れた人間が誰であるかがはっきりしてくる。トキワ荘の住人は、それぞれがこうした相談役になっていた。慣れてしまえば何でもないことなのだが、初めての時は相談相手が必要だ。私も本を出し始めの頃は、章立てやタイトルについて、学生時代からの友人によく相談をしていた。話している内に心が落ち着いてくる。これまでの自分をよく知っている人間に相談するのが一番だ。暗黙知を共有している分だけ、話が早い。しかもアイディアが出てきやすい。若い頃に膨大な時間をかけて会話し続けたおかげで、共通の地盤ができている。だから一言二言話すだけでポイントを指摘してくれる。そうした関係は、青春時代の膨大な時間を費やして積み上げた財産だ。

5. 大家族制のパワー

トキワ荘は擬似的な大家族であった。同じ釜《かま》の飯を食い、一緒に風呂に行き、一つ屋根の下で眠る。家族が持つパワーは計り知れない。安心感があればチャレンジもできる。この大家族には、あまり顔は見せないが親もいた。手塚治虫だ。手塚は藤子不二雄の二人に部屋を明け渡しているので、新漫画党の若者たちと一緒に暮らしていたわけではない。しかし、敷金を残していってくれたように、親代わりの存在であった。手塚は日本の漫画をつくった大天才である。彼の影響は現代にまでわたっている。しかし、トキワ荘の住人の影響の受け方は直接的なものであった。その大きな存在を身近に感じることができたのである。これは漫画家としての志を強くするのに大変大きなメリットであった。

手塚治虫の漫画への「あこがれ」は凄《すさ》まじいベクトルとなって世に放たれている。そのあこがれのベクトルに若者たちは引き寄せられていった。つまり「あこがれにあこがれる関係性」が、直接的な接触を通じて強力になっていったのだ。

あとから思えば、手塚がトキワ荘に居続けなかったことも、おそらくよかったのであろう。手塚の存在はあまりに大きすぎる。その影響から距離をとることで、自分たちの自立がしやすくなる。同じ屋根の下に手塚が住み続けていたならば、どうしてもその影響を強く受けたスタイルの漫画になってしまうだろう。親から離れて若者同士で暮らす気楽さがトキワ荘にはあった。

トキワ荘の大家族制には、長兄的存在もいた。寺さん（寺田ヒロオ）だ。彼の兄貴的な面倒見のよさは、トキワ荘の住人たちが口を揃《そろ》えるところだ。たとえば藤子不二雄Ⓐ『トキワ荘青春日記』の中の、昭和三十一年のある日の日記はこうなっている。

「けさのうちに、寺さんから三千円借りねばならない。いやなことだが、やむを得ぬ。『寺さん、またちょっとお願いがあるんだけど……毎度のことでまったくすみませんが、三千円ほど貸していただけないですか。ほんとうに、まったく……ちょっと、計算くるっちまったもんで……すぐ、まとめて返しますから……』とシドロモドロ。寺さん、あっさり貸してくれてホッとする。本当にこれで頭があがらぬ。寺さんには心から感謝する」

大家族制には、居候《いそうろう》もつきものだ。『トキワ荘青春物語』(蝸牛社)の中で、赤塚不二夫は「居候文化論」を経験に基づいて展開している。

「ボクは〝居候文化〟というものがあり、そしてあり続けるべきだという信条をもっている。売れないヤツが売れてるヤツのところに居候して、その間に学び、鍛え、充電する。

居候させてるヤツは、なんにも言わず、それが当然のこととして面倒を見る。そしてその居候が世に出ることをもってお返しとする。(中略)

トキワ荘でボクを居候させてくれた石ノ森は、その後、その華麗な作風に魅せられた漫画家の卵たちの教祖的な存在となり、主に女流漫画家たちに並々ならぬ影響を与えた。

居候といっても、その立場に居ると心境は複雑で屈折したものとなる。ボクも一度は漫画家をやめようとさえ思ったこともある。その時適切なアドバイスをしてくれ、大金まで貸してくれたのが寺田ヒロオ先輩である。

手塚治虫先生も、そういった意味では居候文化の頂点にいる人だ。名を成した者、成さなかった者、どれだけ多くの者が彼のタダ飯をたべ、気配りをしてもらったか……」

赤塚は、自分自身が居候をさせてもらった経験もあり、自分が仕事を持つようになると何人も居候を養うようになった。その居候の傑作がタモリだ。自分が出る番組に無理矢理出演させ、私生活でも自分のマンションに住まわせた。小遣いまでやっていた。世話になった経験のある者が他人を世話していく。こうした循環が文化の厚みをつくっていく。スウェーデンのテニスが伝統的に強かったのも、こうした循環があったからだ。ビヨン・ボルグだけが突出していたわけではない。ビランデルをはじめとしていい選手が何人も出ている。それは、小さい頃に自分が無料でコーチをしてもらった者たちがボランティアで次の世代にテニスをコーチしているからだ。子どもにものを教えてお金を取る親はいない。擬似的な大家族制が、若者が世に出るロケット噴射の役割を果たしていたのである。

6．ミッションの時代

一緒に暮らせば生産性が上がるといった簡単な図式は成り立たない。私の大学院生時代は、関係が濃かったからといってそれが生産性の高さに結びついたわけではなかった。トキワ荘の住人たちとのもっとも大きな違いは、外部（市場）からの要請がトキワ荘にはあり、私たち大学院生にはなかったということだ。

若者に一番必要なものは何か。

これに対して私は明確な答えを持っている。それは、ミッションだ。若者は金より自由より何よりミッションが欲しいのだ。誰かに具体的な指令を出してもらいたい。それを遂行することで充実感を得る。有り余ったエネルギーが目的を持って一点に注がれ、形になっていく。太陽の光を一点に集めて火をおこす、そのレンズの役割が、ミッションなのである。

トキワ荘の住人たちには、漫画雑誌の編集者からのミッションが与えられていた。寝る時間も削ってそれに応《こた》え続けた。私の大学院生時代には、悲しいことにミッションがなかった。修士論文を書くといっても、それが社会的な使命であるわけもない。

言ってみれば独りよがりに近い。誰にも求められていないのだ。漫画の場合は、具体的なマーケットが存在している。そこに読者がいる。その読者の期待に応えるべく、会社の人間が動き、金が動く。つまらなければ連載が打ち切られる。原稿を渡せなければ、信用を失い、次の仕事に響いてくる。こうした緊張感のある社会的な関係が、トキワ荘の住人たちを鍛えていった。ただの仲のいい共同生活で終わらなかった根本的な理由がそこにある。志があってもミッションがなければ停滞してしまうものなのだ。

何月何日までに何ページの原稿を仕上げよ。こうした具体的なミッションこそが、若者を鍛える。甘えは許されない。それだけに仲間同士の結束は強くなる。そのミッションを遂行するために周りが一生懸命手伝うのだ。社会とつながったミッションが、気楽とも言える青春時代の共同生活に張りを与えていたのである。

今の時代の若者の最大の不幸は、ミッションが与えられていないことだ。「食っていかねば」というもっともシンプルなミッションさえもがない。使命感を持って臨むことのできる具体的な仕事。このミッションが、青春時代の溶鉱炉に放たれたとき、歴史に残る仕事が生みだされるのだ。

第9講のまとめ

1. 空間的な距離は、当然のことながら関係の濃密さをつくる。その場は、ひとつの志が渦巻くクリエイティブな磁場となる。
2. 若者に必要なのは、明確なミッションなのだ。それを見出すことで、有り余ったエネルギーが目標に向かって一点に注がれ、形になっていく。

第10講

週刊マンガ誌という怪物

『あしたのジョー』のイタリア語版『ロッキー・ジョー』最終巻。

1．世界を制覇するマンガ

日本のアニメ番組は、世界を制覇している。世界のテレビ局で放送されているアニメ番組の六〇％が日本製といわれている。『ポケットモンスター』は六十八ヶ国、『クレヨンしんちゃん』は四十ヶ国、『ドラえもん』は三十五ヶ国で放送されているという人気ぶりだ。世界を初めから意識した作品はむしろ失敗することが多く、日本でウケたものが海外でもウケる。日本色の強いものでも大丈夫だ。星一徹がちゃぶ台をひっくり返す『巨人の星』もイタリアで人気を博した。『あしたのジョー』も全二十巻で出版されている。

日本人の感性が、そのまま海外の子どもや若者を引きつけている。マッカーサーに、「日本人は十二歳だ」と言われた日本人だが、その子どもっぽさが子どもマーケットでは圧倒的なプラスに働いている。

こうしたアニメ番組のほとんどは、週刊マンガ誌を元にしている。マンガ雑誌の世界で成功したものがアニメ化されたり、ドラマ化されたりしている。テレビのドラマでも、珍しいことではなく、むしろ普通になってきた。高橋ツトムがマンガで描いた『スカイハイ』は映画化された。次々に新しい作品が生まれてくる。マンガ雑誌も一時期に比べれば勢いが衰えたと言われるが、まだまだ新しい才能は出続け、いろいろな文化の基盤を担《にな》っている。

少年マンガ誌では、『少年マガジン』と『少年サンデー』が老舗《しにせ》であった。マガジンの方は、『巨人の星』で、百万部を昭和四十一年に突破した後も、『あしたのジョー』、『天才バカボン』といった強力な連載で部数を伸ばした。

昭和四十三年に創刊された『少年ジャンプ』は十万部からスタートし、平成七年には、六百五十三万部に達した。週刊誌で、六百万部を超えるという事態は、驚異的だ。週刊マンガ誌は、現代日本における怪物的存在であり続けている。

マンガ以外の単行本ならば、百万部を超せばミリオンセラーと呼ばれ、人々の記憶に残る存在になる。マンガは一桁二桁《けた》単位が違う。『美味《おい》しんぼ』『スラムダンク』はコミックスが一億部を超えた。『バガボンド』も数千万部を売り上げている。このような桁外れの産業は、才能を引きつけた。マンガ家になりたいという若い人たちに対して、マンガ雑誌はいろいろな形の新人賞を設けてチャンスを与えている。

『あしたのジョー』のイタリア語版『ロッキー・ジョー』最終巻、ホセ・メンドーサとの死闘の場面と、その表紙。
©高森朝雄、ちばてつや／講談社

マンガ家になりたいという気持ちの主は、手塚治虫の時代にはごく稀《まれ》なものだった。しかし現在の子どもにとってマンガ家はあまりにも身近なあこがれの存在である。野心や才能がある子どもには、チャレンジできる環境が整っている。週刊マンガ誌という存在自体が、新人発掘の場になっている。わざわざスカウト活動をしなくても、日本全国から作品が出版社に持ち込まれる。

おもしろいのは、『少年ジャンプ』のような数百万部を誇る怪物雑誌が新人の登用にためらいがないということだ。既に定評のある作家でお茶を濁すということはほとんどない。新人から目をつけ専属契約を結び、自前で大物マンガ家にまで育て上げる。そうしたシステムが完備されている。それにしても数百万部売れる雑誌にいきなり新人が連載を始めるというのはすごいことだ。日本中の子どもたちに一気に名前を知られる。デビューすることが、すでにメジャーになるということなのだ。雑誌は商品でありながら、新人発掘の場でもある。掲載されるマンガの本数は限られている。新人が一人出てくれば、その分消える者もいる。こうした新陳代謝のすさまじさもまた、他の週刊誌や月刊誌には見られない、週刊マンガ誌独自のシステムだ。

まさに、天才を生み出す過酷なるシステムである。

2. 読者アンケートによる厳しい選別

少年誌は、一般的に読者アンケートを重視している。全作品の中から三つおもしろかったと思うものを挙げて下さい、という問いに読者が答えてくる。毎週順位がはっきりする。人気の低い作品は、徐々に雑誌の後ろの方に持って行かれ、やがて姿を消す。その姿の消し方は無惨《むざん》だ。まだストーリーの序盤であるにもかかわらず無理矢理打ち切られる。マンガ家の無念さが、その無理矢理な終わらせ方に滲《にじ》んできて、切ない。

私も週刊誌に何本か連載しているが、読者アンケート制度をとっている雑誌でも、ここまで過酷なシステムをとっているところはない。何となくもう少しおもしろくしたいですね、などと編集者と話し合うことはあるだろう。しかし、話の序盤でいきなり打ち切りということはない。その分古株が生き残る余地が多くある。マンガ誌に比べて一般の週刊誌や月刊誌が、文筆業の新人を発掘する場になっていないのはたしかだ。もちろん一長一短があるが、若い才能を数多く発掘するためには、過酷な競争システムの方が効果はある。

読者アンケートによる人気投票が絶大な力を持つことによって悲劇も生まれる。『週刊少年マガジン』の編集長として、今日のマンガ文化隆盛の基礎を作った名編集者である内田勝は、『「奇」の発想　みんな「少年マガジン」が教えてくれた』(三五館)という著書でそういった悲劇について記述している。

「牧野編集長時代に、散々通って説得を重ねた末、別のマンガ誌の人気トップ作品の連載を止めて、『マガジン』に鞍替《くらが》えしてもらった大物マンガ家がいた。だが、編集長はアンケートの結果を見るや、連載三回目で打ち切りを決め、まだ新入社員同然だったぼくがその件を伝えに行くように命じられて、辛《つら》い任務を果たすため重い足を運んだことがある。『折角、力を入れていただきながら、残念な結果になりまして……』

と切り出すと、当時、マンガ界で巨匠の一人と目されていた、そのマンガ家は全身を震わせ、大粒の涙を流しながら、『まだ、連載を始めてたった三回目ですよ。これからいくらでも面白くしていく自信が、ぼくにはあるんです』と述べたてた。ぼくは慰めの言葉とて無く、マンガ家の頬から伝い落ちる滂沱《ぼうだ》の涙を茫然《ぼうぜん》たる想《おも》いで眺めているしかなかった。マンガ家の受けた衝撃は大きく、それから日時をおかず、他社のマンガ誌上からも、その人の名は消えていったのだった」

いやあ、これでは書き手としてはたまらない。相当な神経の持ち主でもつぶされてしまうだろう。週刊というのは、そもそも過酷なスケジュールだ。その過酷さに耐えて書いた作品が、人気投票によってあっさりと打ち切られる、というのでは作家としては落ち着いてものを書きにくい。私自身は、単行本という出版形態が好きだ。コンセプトをしっかりさせ、世の中にきちんと球を投げる意識で本を出版する。連載したものや、あちこちに書いたものを一冊にまとめる本の作り方もある。

私の場合は、一冊を一つの作品としていきなり作り上げる方が一般的だ。その方がねらいのぶれない作品になる。

ただし週刊というスタイルにはそれなりのよさもある。締め切りに追われてとにかく仕事が進む。反響を取り入れながら作品の展開をその都度変えていくことができる。

作家の方から見れば厳しい条件ではあるが、緊張感を持って仕事をする状況はつくられる。『少年ジャンプ』では、人気投票でランキングが低いと、十週で打ち切られることになっている。これではダラついている余裕はない。

少年読者の立場からいえば、アンケートは自分たちが編集に関わっている実感を持たせてくれるものだ。少年たちも自分たちの人気投票によって人気のない作品がどんどん打ち切られることを知って投票している。そのあたりの現実感や参加している実感が、普通のおざなりアンケートとは全く違うところだ。人気ランキングは、時には作品の質とずれている。それでも、マンガの世界では人気のある物が価値があるのだ。人気はないが質は高い、という論理では、甘さが出る。子どもたちが「投票」という具体的な積極的行動によって現実を作り上げているという点では、もっとも進んだ民主主義のシステムといえるかもしれない。

3．プロデューサーとしての編集者

編集者というのは、おもしろい存在だ。立場が弱いのか強いのかよくわからない。人気の高い作家に対しては気を遣いあれこれと世話をする。しかし新人にとって、編集者は神のような存在だ。ベテランの作家にとっても、連載打ち切りの権限を持っている編集部は、作家よりも権力的には上位にあると感じられる。編集者は、大きな出版社の正社員である場合には、経済的には非常に安定した高収入を得ている。特定の作家を除けば、収入の高さや安定度という点では、編集者の方が圧倒的に上である。もちろん、外部の編集プロダクションに編集作業を外注する場合には、別だ。独立した編集プロダクションの編集者は、労働量、金銭的報酬の両面から見て厳しい状況にある。

マンガの世界に関していえば、編集者が関与する割合は非常に大きい。作品を企画する段階からすでに関わっている。どんなタイプの作品をどの作家でやろうか、というプロデューサー的な観点で編集者は雑誌を構想している。「どんなものになるかははっきりしないが、あのやる気のある若いやつにひとつやらせてみるか」といった大物プロデューサー的雰囲気を編集者は漂わせている。実際に編集者がこなさなければならない実務は、非常に細かい。細部にまでわたって気を遣う。雑用もこなす。そうした細々とした裏方的な作業と、プロデューサー的な権力とが同居しているのが編集者のおもしろいところだ。クリエイティブな作業を手伝うだけではなく、自分自身がプロデューサーにもなれる。そんなおもしろさが若者を引きつける。編集者募集には、数百人数千人といった応募がある。
編集者は普通の人間でもなることができるが、マンガ家には傑出した才能が必要だ。天賦《てんぷ》の才が必要とされる。鳥山明がデビューしたときは、絵の上手《うま》さで世の中を圧倒した。『Dr．スランプ』と『ドラゴンボール』は、『少年ジャンプ』を六百万部を超える怪物雑誌にした。鳥山明の天才性は明らかだ。『ドラゴンボール』はアニメ化され、世界で最も人気のあるアニメ番組となっている。その明白なる天才であるはずの鳥山明でさえも、天才前史というものがある。『少年ジャンプ』の創刊スタッフであり編集長であった西村繁男が書いた『さらばわが青春の「少年ジャンプ」』（飛鳥新社）にはこうある。
「鳥山明はまだ新人漫画賞にも入賞レベルにならない作品を投稿していたが、本人はなんの意識もせずに描いたという西海岸風ファッションに人目を引くものがあった。担当編集者の鳥嶋和彦がその絵に注目し、読切『ワンダー・アイランド』の掲載を熱望した。（中略）
わたしは『ワンダー・アイランド』の掲載には首をかしげるところがあったが、連載本数が増えて新人のテストがなかなかできなくなっていた時期でもあり、試してみる気になった。結果はそこそこということろで、鳥山があの『Dr．スランプ』で登場するまでには、鳥嶋の指導の下で、ファンの間では伝説になっている五百ページの没原稿の山を築かなければならなかった。（中略）

鳥嶋はやがて二年の歳月をかけて鳥山明を鍛え、昭和五十五年の新年から『Dr．スランプ』の新連載をスタートさせ、さらに鳥山の次回作『ドラゴンボール』を、テレビアニメ、劇場アニメ、キャラクター商品、テレビゲームなどの他メディアを巻きこんだ空前のヒット漫画にプロデュースしていく」

あの鳥山明が五百ページの没原稿を書いていたとは驚きだ。彼の才能に目をつけ、チャンスを与え、鍛えていった編集者の役割は大きい。編集者の存在がなければ、社会現象ともなったアラレちゃんやドラゴンボールが存在しなかったかもしれないのだ。天才をプロデュースするのが名編集者だと言える。企画を練るだけではなく、作品を他のメディアにつなげて発展させていくところまでプロデュースしていく。音楽の世界では小室哲哉やつんくがプロデューサーとして次々に新人をデビューさせヒットを生みだしている。プロデューサーの存在が表舞台に出てきている。漫画を描くという絶対的にも思える才能でさえも、編集者との濃密な二人三脚の時期を必要とすることが多い。経験の豊富な編集者は、若いマンガ家のよさを生かすコツをつかんでいる。新しい才能をどんどん発掘して形にしていくシステムの要《かなめ》は、編集者の眼力や企画力だ。

上から『俺の空』の安田一平、
『男一匹ガキ大将』の戸川万吉、
『サラリーマン金太郎』の矢島金太郎。

4. 『ガキ大将』本宮ひろ志の場合

本宮ひろ志は、『男一匹ガキ大将』、『俺の空』、『サラリーマン金太郎』といった大ヒット作を持つマンガ家だ。『少年ジャンプ』は、この『男一匹ガキ大将』と永井豪の『ハレンチ学園』で世の中にブームを巻き起こした。

これほどのメガヒットを持つ本宮は、マンガ界の天才といえる。本宮氏とは対談の席で話をさせてもらったことがある。「俺は単純だから」とか「俺は絵が下手だから」といった言葉をよく使われた。これはもちろん謙遜《けんそん》の意味もあるが、もう一つには本宮氏が自分のウリが何かをはっきり認識しているために出てくる言葉だろう。絵が上手いだけなら今時たくさんいる。いわゆる頭のいいといわれる人間も東大に行けばゴロゴロしているかもしれない。しかし、それではマンガ界の天才にはなれない。

では、マンガ界の天才になるツボとはどこなのか。天才本宮ひろ志の口からいくつかのヒントが出てきた。「結局主人公の顔がかっこいいかどうかってことだけですよ」というのもその一つだ。戸川万吉、安田一平、矢島金太郎。彼の描くキャラクターの顔には共通点がある。裸一貫で勝負する男のさわやかさがある。気迫に満ち、口を開けたときには滝のような斜線が口の中に流れる。本宮さんは新しいジャンルに次々にチャレンジしていったが、大ヒットした作品にはストーリー上も共通点が多い。本宮さんいわく、「一度大きく当てたら、そこを動かない方がいいんです。世の中は動いているから、ダメになるときもある。でも、また世の中が動いて動いてぐるっと一周してきてまたヒットになる。自分が動いてしまっていたら、そのヒットをつかめない。だから一度当てたらそこを動かないことが大事だ」こんな趣旨のことを話されていた。

この本宮ひろ志と『少年ジャンプ』の西村繁男は切っても切れない深い関係を築いていった。過酷な天才養成システムを作り上げた『少年ジャンプ』だが、その柱にもなっていた二人の関係は誠に泥臭いものであった。初めて本宮の絵を見た西村は、その絵に素直で伸びやかなものを感じた。独りよがりのマンガしか描けない頭でっかちのマンガ家志望者にはない、柔軟さが感じられたのだ。西村氏の著書にはこうある。

「技術面や基本の習熟には時間がかかるだろうが、期待ということでは、わたしには十分な手ごたえがあった。わたしなりの編集者としての自信と勘が、モノになると告げていた。

『とにかく、読切を一本描いてみてよ。ただし何回か描き直しを覚悟してくれよ』

『そりゃあ、もう。何回でも描き直します』

本宮は、わたしが絵を見ている間、不安そうにうつむけていた頭をようやく上げて、例の白い歯を見せて答えた。

その時になってわたしは、素足の本宮がかすかに全身を震わせているのに気づいた。

『若いんだな、きみは。いつも靴下はかないのか』

『ないんですよ、着るものもはくものも、これっきり』

本宮は、悪びれずに言う。腹はへってないかと訊《き》くと、昨夜から何も食べてないと言う。わたしが、出前のカツ丼《どん》を奢《おご》ろうと言うと、小声でメシを大盛りにしてほしいと注文を出した」

なんだかいい光景だ。連載の話も突然来た。読み切りの『男一匹ガキ大将』が人気作家の穴埋めに使われることになった。本宮ひろ志『天然まんが家』（集英社文庫）によればこうだ。

「『わかりました。やるだけは、やってみます。できなかったら、勘弁して下さい』『やるんだ!!』西村さんの目は、色付きメガネの奥から有無も言わさず、私を射抜いてくる。後で聞いた話だが、貝塚さんの穴埋めにいろいろな中堅作家の名が挙げられる中で、『中堅は、中堅の結果しか出ない。この三流雑誌に勝ち目を与えるのは、新人の大バケに期待するしかない』西村さんはそう言って、ひたすら一人で、本宮だ、本宮だと推してくれたらしい」

この西村氏のからだを張った期待に、本宮氏が応《こた》えた。丸二日間コタツに潜り込み構想を練った。三日目の明け方、突然ストーリーが一つに繋《つな》がった。小便に立つ以外描きまくった。奇跡的に、万吉というキャラクターが生き生き躍動し、成長していった。西村氏と約束した百四十時間、それを五時間余らせて、原稿は完成した。

まだ何の実績もない新人に期待する編集者。そしてその期待にからだごと応えようと捨て身で向かう新人。この心地よい緊張感が、『少年ジャンプ』のスタイルの原型となった。マンガ家のデビューと青春時代をともにする『ジャンプ』でしか読めないマンガ家、というウリを出版社はつくっていく。マンガ家専属契約は、新人発掘のもう一つの商売的な側面だ。

5．マンガ作りのシステムへ

マンガ作りは現在システム化している。チームで作り上げるようになっている。アシスタントを雇い、背景だけではなく、いろいろなところを描いてもらう。当のマンガ家は、ストーリー展開や、キャラクターの顔など、マンガの大本になるところを押さえる。『ゴルゴ13』などは、シナリオを公募している。様々な分野の専門家が関わりストーリー展開を補強する。絵を描くスタッフもたくさんいる。外部にまで情報網を広げた、開かれたチームとして機能している。本宮ひろ志は、『男一匹ガキ大将』の後不調に陥り、宮本武蔵をテーマにした漫画を描いた。そのマンガ自体は失敗であったが、マンガ作りのシステムが、ケガの功名のような形でできあがった。

「しかし、私は幸か不幸か、この作品で、おそらく私にしかできないだろう、マンガ作りのシステムを作り出した。

もともと、絵のヘタな私に、最も難しい時代劇を描けるわけもなく、とうとうあまりの辛《つら》さに、絵コンテをノートに描くと、そのまま逃げ出し、アシスタントにエンピツの下描きを無理やりやらせ、その下描きの上に顔だけ入れると、また逃げ出して、完成原稿のチェックもやらなかった。

作品に出てくる女性の下絵も、無理やり女房に描いて貰《もら》った」（本宮前掲書）

契約制で何人ものアシスタントを使う。本宮プロには現在二千万を超える給料のアシスタントが四、五人いる。このシステムのおかげで、本宮氏は時間を手に入れ、マンガといういけすから離れて、世の中という天然の海を泳ぎ回る余裕が生まれた、という。

週刊誌という巨大なシステムが、新しい才能を次々に生みだし、時に消費していく。生き残ったマンガ家は、自分でシステムを作り、多忙さの中でも新鮮さを失わないようアイディアを出し続ける。編集者は、過酷な競争原理をマンガ家に押しつけながらも、一方で創作に協力していく。読者による民主主義的投票が、このシステムを根底で動かしている。高速で回転する巨大な機械のようなシステムの中で、精神の均衡を失わないで仕事をし続けるためにも、編集者とマンガ家との間には信頼関係が必要となる。日本のマンガ産出システムは、世界に誇る天才を生み出し続けるシステムとなっている。

天才は嵐《あらし》を巻き起こす台風だ。正確に言えば台風の目が天才だ。自分自身と向き合い、深い静寂の中で事を成す。その中心となる静寂をいかに新鮮に保つか。そこにシステム及び関係者の質が問われる。

第10講のまとめ

1. 若い才能を数多く発掘するのは、人脈による過酷な競争システムの方が効果的だ。
2. 天才は、嵐を巻き起こす「台風の目」である。その中心となる静寂を、いかに新鮮に保つかに、システムと関係者の質が問われる。

最終講義

「なにを研究してもいい」理研を育てた太っ腹キャラ

大河内正敏。理研の舵取りや理研コンツェルンの育成に努める一方、陶芸や絵画の造詣が深く、大変な美食家であった。レバー、あんこう鍋、三平汁など濃厚な食べ物を好んだ。

1．大河内正敏とは何者か

天才が生まれてくるのには背景がある。いくつかの要因が組み合わさり、天才という花が咲く。ある特定の時代や環境において、天才が多数続出するということがある。ルネッサンスや印象派の時代を見るまでもなく、相互に刺激しあいながら、前人未踏の高みに至るというケースは、むしろ珍しくない。

天才の輩出を時代の偶然に任せるのではなく、意識的な場作り、組織作りによって実現しようとする。これが「天才がどんどん生まれてくる組織」のテーマだ。この講義を締めくくるにあたって、ラストにふさわしい人物を用意した。

大河内《おおこうち》正敏《まさとし》。

この名前を聞いてピンと来る方は、一体どのくらいいるのだろうか。私の推測だが、一般的にはほとんど全く知名度がないのではないか。しかし、この大河内正敏は、実は大変な人物である。こうした人物の名前が忘れ去られてしまうところに、天才を生

昭和10年頃の理化学研究所。本郷区駒込上富士前町、現在の文京区本駒込にあった。
写真提供・理化学研究所

みだす組織への評価の低さが、読み取れる。

　大河内は、理化学研究所の第三代所長であり、この研究所を大規模に発展させ、多数の天才たちを輩出する組織にまで育てた人物だ。大河内が所長に選ばれたのは、四十三歳の時である。子爵《ししゃく》。貴族院議員。工学博士。東京帝大工学部造兵学科教授。出身は「知恵伊豆」と呼ばれた松平伊豆守《いずのかみ》信綱の子孫、千葉県大多喜の殿様の系譜だ。こうした肩書きだけでも、大河内が、学界と政界を結ぶ存在であったことがわかる。その上、大河内は実務にも長《た》けていた。組織をマネジメントする手腕があった。そこを買われて、経営困難に陥っていた理化学研究所の建て直し役に抜擢《ばってき》されたのである。大河内の人物と業績については、宮田親平『「科学者の楽園」をつくった男』（日経ビジネス人文庫）が詳しい。

理化学研究所は、大正六年（一九一七）に設立された。設立の提唱者は、タカジアスターゼの発明で有名な高峰譲吉《たかみねじょうきち》博士であった。理化学研究所編による『特殊法人理研30年』によれば次のような提唱であった。

「高峰譲吉博士は『今後の世界は理化学工業の時代になる』とドイツ化学工業の発達による隆盛を例に挙げ、欧米諸国の研究所設立を範として、『日本も今後、理化学工業によって、国産を興そうとするには、基礎となる純粋理化学の研究所を設立する必要がある』と訴えた。更に研究所運営について『必ずしも研究所で研究せずとも、優れた研究者には地方在職のまま研究費を補助してもよし、企業からの委託研究も可』とし、『模倣を脱して新たな研究が必要である』『直ちに応用の道を拓《ひら》き、結果を得ることを急ぐことなく、純正理化学の研究に尽瘁《じんすい》し、堅実な基礎を造らねばならぬ』と述べた」（『特殊法人理研30年』理化学研究所、昭和六十三年十月）

この提唱を聞いた渋沢栄一が中心となって設立に至った。世界における日本の位置をしっかりと認識し、将来をデザインする志にあふれた設立の経緯だ。基本となるのは、あくまでも研究の自由な気風である。新しいものに取り組み、発見を求めて貪欲《どんよく》に、かつ自由に研究する。分野の別にこだわらず、自由に領域を行き来するような空気に満ちた場、それが理研の目指す姿であった。

2. 理研の自由な空気を支えたもの

自由な空気は、創造的な活動に欠かせないものだ。しかしこれは、単に個人の気質がもたらすものではない。自由で創造的な雰囲気をつくるのには、意識的な工夫が数々必要なのである。大河内は、大正十年に理研の所長に就任した。彼がまず行ったのは、システムの変更だ。主任研究員制度を発足させた。それまで対立が深かった、物理部と化学部を解消し、部長もなくした。主任研究員に権限を与え、研究室を独立させたのである。研究課題や予算、人事など一切が主任に任されることとなった。

現在でこそ超領域的な研究が提唱されているが、この当時は各領域の縄張り意識は強いものであった。大河内は、物理を専門とする人間が化学に入り込むこと、その逆もまた奨励した。日本がドイツを手本として採用した講座制は、縄張り意識を強めるシステムであった。年功序列の権威主義的な組織のあり方が、研究の自由な空気を阻害してきた。そう考え、そうした大学の組織とは異なる制度を始めたのである。

先ほどの宮田氏の著書には、大河内の自由な空気をつくる言動が記されている。研究者が何かを買いたいときには、できるだけ早く買ってやれと言う。気の乗ったときにやることで研究能率がよくなる。役に立つかどうかわからないと心配する研究者には、そんな心配をする必要はない、おもしろいと思ったことをやりなさいと言う。実験器具については、今買える一番よいものを買いなさい、応用はそのうち生まれるだろうと励ます。実験を奨励し、欧文の研究報告集を、費用がかさむのをかえりみず、どんどん出し続けた。

大河内自身の太っ腹なキャラクターが、理研の自由な空気をつくるに当たっての大きな要因となっていた。リーダーのキャラクターは、その組織の空気に大きく影響を与える。大河内が、何度も何度も自由に研究をやりなさいとメッセージを送り続けたことによって、研究者たちが安心して研究に取り組むことができるようになった。当時の理研の雰囲気を、『理化学研究所六十年の記録』から拾ってみる。大正十一年から昭和十年まで在籍した佐々木次郎氏はこう書いている。

「理研は多くの優秀な人材を育成して世に出し、又独創的な成果を数多く発表して学界に寄与したことは周知であるが、このほかに私が経験したように外部からの依頼でこれを援助した例も少なくない。理研にはいわゆる官僚臭は全くなく、勤務時間も全く自由で、所外の人々に対しても開放的であった。極端な例をあげると、通りがかりの大学生が、ある装置について質問に来たこともあった。今の人の言う〝大衆に愛された（?）〟理研であった」（『理化学研究所六十年の記録』理化学研究所、昭和五十五年三月）

昭和八年から三十年まで在籍した飯高一郎氏は、官庁や会社の研究所では、研究に枠がはめられ制限される、大学といえども制限を免れることはできないのに対して、理研では全く分野を横断することは自由であった、という。

「ある時所長の大河内先生にうかがったところ、『理学部、工学部、農学部のどの分野でも差支えない。君のやりたい仕事を自由にやりなさい』と言われたのである。私はそのお言葉通りに受取って、農業大学の連中を飯高研究室に入れて、葡萄酒《ぶどうしゅ》の研究をやらせた。それがある程度に成功して会社を設立したのであるが、会社の製品は戦時中海軍航空隊に採用されてお役に立った。私自身の研究も化学から物理学や工学の範囲にまではみだしていった。『やりたい仕事をやる』ということは楽しいものである」

天才的な資質を持った人間ほど、自由を求める。「やりたいようにやらせてくれ」という欲求を強く持っているものだ。それを制限するどころか、徹底的に奨励したのが、大河内スタイルであった。

理研を代表する学者としては、理研の三太郎と呼ばれた長岡半太郎、鈴木梅太郎、本多光太郎がいる。長岡は土星型原子モデルの提唱者、鈴木はビタミンの発見者、そして本多はKS鋼の発明者である。この他にも湯川秀樹、朝永《ともなが》振一郎といったノーベル物理学賞受賞者や、グルタミン酸の発見者である池田菊苗《きくなえ》も理化学研究所と深い関わりを持っている。随筆家としても有名な地震学者の寺田寅彦《とらひこ》、雪の結晶の研究で有名な中谷宇吉郎もいる。

長岡、鈴木、本多の三太郎は、理研をリードした。長岡は、年功序列制を嫌い、実力主義を提唱した。本多もまた実力主義であった。こんなことを言っている。

「教授、助教授でもみんな勉強せんといかんわなア。それでわしも考えたんだが、すべて助教授は五カ年たったら一応辞表を出してもらうことにする。助手は三年で出してもらう。そこでその人の実力や研究業績を考査して、良い人には辞表を返し、ダメな人にはその辞表によって依願退職ということにする」（宮田『「科学者の楽園」をつくった男』）

理研には出勤簿というものはなかった。好きな時間に来て帰る。テニスコートがあり、研究に飽きたらテニスをする。昭和十五年に研究所に入った山本勇氏は、こう語っている。「なんというか、のんびりしたというか、自由な感じでしたね。研究に夢中になっている人は、夜中もずっとやっている。かと思うと、気分の乗らないときはテニスをしたり……。昔から自由な空気のところだったようですが、それは戦争がはじまってもあまり変わらなかった」（「究極の立方八面体キューブを創《つく》る」『潮』平成二年七月号）

テニスコートオープンの日には、大河内所長自らが「模範演技」としてプレーしたそうだ。十二時から十三時は事務職の人だけが使えるように、研究者はそれ以外の時間ならばいつでも自由に使っていいとされていた。朝永振一郎が所属していた仁科研究室では、テニスだけでなく、ハイキングや飲みに行ったりしていた。

この研究室に限らず、理研ではどこでも対話が生まれた。家族的なあたたかな空気の中で、活発な議論が交わされたのである。改まって会議をするというよりは、寄ると触るとブレーンストーミングをするといった雰囲気であった。

こうした雰囲気は、学問のみならずビジネスにおいても成功する大きな要因である。というのは、遠慮のない対話の中から、暗黙知が浮上してくるからだ。対話の中でアイディアを見つけるというのは、もっとも合理的なやり方だ。多少研究テーマが違う者同士でも構わない。相手にきちっと自分の実験を説明するプロセスで、足りないところも見えてくる。しかもアイディアのもとは他の領域に転がっていることも多い。対話が活発に行われる雰囲気は、クリエイティブな活動には不可欠の条件である。

3．理研コンツェルンという大胆な発想

理研のおもしろいところは、基礎研究を重視していたにもかかわらず、同時に経営面も強化したことだ。

たとえば「理研ビタミン」という商品が売り出され爆発的に売れた。それは、鈴木梅太郎の研究室で開発されたビタミンAだ。通常は薬品の工業化には時間がかかる。しかし、大河内は自家製造を決断し、たった四ヶ月で工業化に成功した。純益は年間三十万円を超えた。理研は補助も受けていたが、自ら研究費を生みだすという意欲を常に持っていた。これも大河内の基本方針だ。

ビタミンばかりではない。殺虫剤でも成果を上げていた。このほかに大ヒットした商品としては、合成酒「利久」がある。これもまた鈴木梅太郎の研究室が中心となった。鈴木の合成酒開発の動機がおもしろい。いずれ日本には食糧が不足するときがくると大正七年の米騒動で感じた。毎年四百万トンも日本人は米を酒に変えている。米

昭和16年頃のサイクロトロン。人工ラジウムを作るための大型装置で、敗戦後、原爆を作るためとGHQに疑われて、東京湾に捨てられてしまった。
写真提供・理化学研究所

以外のものから酒を造る研究をやろう。こんな志があるからこそ、研究がエネルギーを失わないのだろう。

鈴木に限らず、理研のメンバーは、自由な雰囲気の中にも、強い公共的な志を持っていた。世界の中で日本が生き残っていくためにはどうしたらよいのか、常にそうした危機感を持って開発研究に取り組んでいた。そもそも理研の発足の動機がこうした危機感や志であったのだから当然といえば当然だが、一人ひとりがこうした意識を自然に持っていたところが、当時の理研の類《たぐ》い希《まれ》なエネルギー源になっていた。このほかにも理研ソースなど、さまざまな商品が開発された。会社もどんどん増えていった。研究所がコンツェルンを持つという大胆な発想は、大河内所長の「芋蔓《いもづる》式経営法」という考え方に基づいて行われた。

その考え方は大河内によればこうだ。

「独逸《ドイツ》に一酒精《アルコール》工場があり、それが広い芋畑の中に建てられてあると仮定する。此《こ》処《こ》では先《ま》ず芋畑から採れた芋の下等品を集めて原料とし、これを醱酵《はっこう》させて酒精を造る。処がその際醱酵槽は豚の飼料となるから酒精工場の周囲に養豚場を作って、酒精工業の残渣《ざんさ》は芋の蔓や葉と共に、豚に飼料として与える。更に炭酸瓦斯《ガス》は、醱酵槽から管で芋畑に送り、廐肥《きゅうひ》と一緒に、芋の肥料にする。次に豚を屠《と》して食糧品工業を起す。毛、骨、皮、血に至る迄、それぞれ工業原料として使用する。結局剰《あま》す処なく利用されるから、酒精生産原価が著しく引き下り、天下無類の廉《やす》い酒精が出来る」(「理研コンツェルンを総浚《そうざら》いする」『話』昭和十二年六月号)

すべてをつなげて考える発想がここにはある。発明は発明を呼び、商品は新たな商品を呼ぶ。研究を商品化に結びつけるのは容易なことではない。それを会社をいくつもつくって実現させたところに、大河内の類い希な手腕を見ることができる。

4．日本の悲しき精神的風土

理研の自由で独創的な気風と対照的な現実がある。それを浮き彫りにした本として岸宣仁『ゲノム敗北』（ダイヤモンド社）というドキュメントがある。ヒトゲノム解読という人類の歴史にとっても画期的な研究に日本は、当初先んじる位置にいた。一九九〇年アメリカが主導する形で、人間の遺伝情報のすべてを読むという国際ヒトゲノム計画が始まった。ほぼ十年をかけて、三十億の塩基配列から成るヒトゲノムのドラフトが完成された。この巨大な国際プロジェクトへの貢献度は、アメリカ五九％、イギリス三一％に対して日本はたった六％に留まった。先行していたメリットを生かし切れなかったのである。この現実に対して、ゲノム解読のプロジェクトリーダーを務めた榊《さかき》佳之氏はこう語っている。

「日本はわずか六％の貢献しかできなかったと言われるが、これはヒトゲノム計画に対する国の認識の程度を表しているような気がする。アメリカはＮＩＨ（国立衛生研究所）を中心に予算の使い方が柔軟だし、豊富な資金に支えられたベンチャー企業も数多くある。イギリスもウエルカムトラストという財団が、巨額のカネを注ぎ込んで研究活動を強力に支援している。

　それに比べて政府の予算にばかり頼りがちな日本は、先見の明をもって早く、十分な予算をつけて対応するというシステムが機能しにくい。もし理研のセンターを一年前に建てていたら、日本の貢献度は十数％、いや二〇％近くにいったかもしれない」

　日本人は独創性に欠けるとよく言われるが、それは本当だろうか。DNA高速自動解読構想という画期的なアイディアを立ち上げたにもかかわらず、その実現を阻《はば》まれた和田昭允《あきよし》氏は「日本人に独創性がないのではなく、独創性の芽が摘まれる仕組みに問題がある」と指摘する。和田氏の構想が実現しなかった背景としては、講座制の名残である物理、化学、生物、医学といった学問の区分けの硬直性がある。官庁の縄張り争いや予算配分も影響している。学会と官僚の縦割り主義が才能の芽をつぶしているのである。和田氏は理研に顧問として呼ばれたときにこう説明している。

「日本のアカデミズムには、物理は物理、生物は生物、医学は医学と、単なる学問上の人為的な区分けで縄張りをつくってしまう悪《あ》しき伝統がある。それぞれに優秀な人材はいてもてんでんばらばらの状態で、共通の目標に向かって一致団結する風土に欠ける傾向が強い。特にゲノムなどの生命現象の解明は、学問の境界領域ごとに角突き合わせていては全体像が見えてくるはずがない。タンパク質はもとよりマウスなど個体までを含め、学問の境界を取り払ってもっと広い視野で研究を進めて、初めて四〇億年の地球環境を生き抜いてきた〝生命の戦略〟を理解することができる」(『ゲノム敗北』より)

狭い縄張り意識がいかに弊害を生むかは明らかなことだ。しかしこの縦割りの意識は、日本の教育制度に根ざしてしまっている。途中で専攻を変えたり、いくつもの領域を横断的に学ぶことが難しいシステムになっている。官僚になればなおさらだ。予算配分の硬直性は目を覆《おお》うばかりである。理研は、戦争を挟んで大きな変革を何度も迫られた。その中でも精神としては一貫して、自由な研究風土を培《つちか》ってきた。現在でもたとえばレーザー科学研究グループにおいては、物理や化学やエンジニアリングを専門とする者がそれぞれ分野をまたいで参加し成果を上げている。昭和六十一年には、「国際フロンティア研究システム」を発足させている。生物系と材料系の二分野があり、それぞれがまたチームに分かれている。それぞれのチームにはリーダーとリエゾンマネジャーがいて、多彩な人材を配置している。

日本の精神風土が保守的で縦割り縄張り的であるというのは一面的な見方であろう。それだけならば、明治維新や戦後の復興といった世界史にも稀《まれ》な成功を収めることはできなかったはずだ。日本人の気質云々《うんぬん》よりも、制度の老朽化という普遍的な問題がここにはあるのではないか。ローマ帝国にせよ江戸幕府にせよ、システムが長く続けば老朽化するということは必然だ。それを打ち破る動きを起こせばいいだけのことだ。

私は、「公務員体質」は人を殺すと考えている。同じ能力を持っていても、公務員になれば安逸に流れてその能力は鈍り、民間において追い込まれれば伸びていく。安住すれば誰も才能を伸ばすことはできない。リラックスはしつつも、貪欲《どんよく》に勝ちに行く姿勢が発展には不可欠だ。

才能を伸ばすためには、プロジェクトを活動の中心に据えることが有効だ。プロジェクトはもともと、特定の目的のために様々な才能を持つ者が集まって事を成すものだ。通常の部署の決まり切った仕事ではなく、目的意識を持ち、領域を横断する形でアイディアを出し合い実験をする。これまでの日本のシステムはプロジェクト向きではなかった。それをプロジェクト中心に組み替えていくのである。そうすることで年功序列もあまり意味を成さなくなる。プロジェクトを組んだときには、地位や年齢というものよりも、能力がより重視されるようになるからだ。プロジェクトを組むマネジメント能力。これが天才を育てる場をつくる。

天才を生み出す組織をつくる人間を評価すべき時代がきた。大河内正敏の業績を皆が知ることは、その一歩になるだろう。〈プロジェクト力〉こそが才能の芽を伸ばす原動力なのである。

最終講義のまとめ

1. 天才的な資質を持った人間ほど、自由を求める。それを徹底的に奨励する理研スタイルは、まさに「科学者の楽園」だった。
2. 寄ると触るとブレーンストーミングをする雰囲気・遠慮のない対話は、組織が活性化する大事な条件である。
3. いわゆる「公務員体質」は人を殺す。リラックスはしつつも、貪欲に勝ちに行く姿勢が発展には不可欠だ。
4. 大河内正敏が持っていた〈プロジェクト力〉こそが才能の芽を伸ばす原動力である。

解　説

江上　剛

私は、銀行に26年間勤務した。その間、いろいろな部署を経験したが、部下を率いて銀行の目標を達成する立場になったのは広報部、業務監査室、高田馬場支店、築地《つきじ》支店だ。

私は部下に対する明確な考えを持っていた。それは「1人の能力を10%アップすれば、10人いれば組織の能力は100%アップする」というものだ。

この考えは私が人事部を経験したことから導き出したものだ。

人事部で、私は人材の適材適所を考えて人事異動をしたつもりだったのだが、支店長や部長などから大いに文句がきた。

「あんな使えない奴《やつ》を送り込みやがって」

「人事部が良い人材だと言うから信用したが、真っ赤な嘘《うそ》だった。キサマ、俺を騙《だま》したな」

彼らはこの上なく顔を歪《ゆが》め、人事部員である私を口汚くののしった。大物と呼ばれる支店長や部長ほど文句が多かった。部下の良し悪《あ》しが彼らの業績に直結しているからだが、私はいつも腹立ちを抑え、静かに「人を育てていただくのもお役目でございます」と反論した。（こんな口調ではないが、気持ちはバカ殿様に諫言《かんげん》している家老のようなものだった）

企業には、仕事ができる人、できない人がいる。みんなできる人ならまったく問題ないが、そういう企業はない。3割基準というものがある。どこの企業も3割の社員が稼ぎ、残り7割は彼らに食わせてもらっているというのだ。実際は、3割も稼げる社員がいる企業は稀《まれ》ではないだろうか。2割、いや1割もいれば御の字だろう。

だから自分の業績と出世だけを考えている彼らは、他の支店長や部長より良い人材を集め、自分がそのポストに留まっている間は、その人材を囲い込もうと必死になる。しかし人事部はどんな人材も活用していかなければならない。できない人材だからといってクビにはできない。彼らのわがままにどこまでも付き合うわけにはいかないのだ。

彼らが、よく口にする自慢のセリフがある。それは「あいつは俺が育てた」というものだ。わがまま放題に良い人材を集めながら臆面《おくめん》もなく、彼らはそういうセリフを吐く。彼らが、自分が育てたと自認する行員は、私から見た場合、誰が育てても良い人材になる者ばかりだった。いわば天然の一流というべき者で、才能を持って生まれ、どんな荒れ野に置かれても自分で育ち、必ず頭角を現してくる者なのだ。神が与えた僥倖《ぎょうこう》のような数少ない一流の人材に自分の業績を依存しているのが、彼らの組織運営の基本だった。それは間違いだと私は常々思っていた。たった一人の一流に依存した組織は、その人材がいなくなれば必ず荒廃する。すなわち好業績が持続しないのだ。

私は、彼らを見ていて好業績が持続するための組織にするにはたった一人の一流に依存するのではなく、組織の構成員すべてが少しずつ能力をアップすれば、組織全体の能力が向上し、好業績が持続するのではないかと考えた。この考えに従って、私がしたことは、どの部下とも公平に取引先を訪問し、私が取引先と交渉する姿を見せ、よくできる部下、うぬぼれている部下を叱《しか》り、できない部下には簡単な仕事の成功体験を積み重ねさせることだった。私が、繰り返し部下に言ったのは、「自分で考えろ」ということだった。この考えは正しかった。私は、自慢ではないが、どのポストでも好業績を上げた。そして何よりも良いことは私がいなくなった後も、その組織は好業績をキープしたことだ。

私は、本書を読んで、私の考えが理論付けされたと思ってうれしくなった。自身の経験だけに基づく感覚的な考えから部下を育成している私のような管理者や経営者は多いと思う。それに齋藤孝氏は、豊富な事例により理論づけをし、自信を与えてくれたのだ。本書のタイトルからは、さも一流の人材を生み出すかのような教育論が書いてあると思われるだろうが、実はそうではない。内容の主眼は、組織力を底上げすること、如何《いか》にすれば持続的に力を発揮するチームをつくることができるかという組織論である。バカな経営者は、一流ばかりを求める。しかしそれでは持続的な強い組織はできない。多くの社員の力を底上げすることにこそ、成功の秘訣《ひけつ》はある。そのことを眼から鱗《うろこ》が落ちるように本書は教えてくれる。

まず導入部からユニークで意表をつく。白土三平の「サスケ」が登場する。私も愛読したこの劇画がどうして組織論になるのか、と思わず引き込まれてしまう。この「サスケ」には猿飛佐助が不死身である疑問が提示されている。その理由は、何人もの猿飛佐助が存在し、それは個人の名前ではなく、術のなまえであり、それを会得《えとく》した忍者が猿飛佐助と呼ばれるのだと説明される。この場面は、私も記憶しているが、私などは「なるほど」と思って読み過ごしてしまったが、齋藤氏は違う。ここから組織を強くするためには、「個人の質を必然的に高めるシステム（型）をつくることだ」という結論を導き出す。齋藤氏は、「優れた型は、才能の有無を問わず、上達を格段に促進させる。一人の一流が偶発的に出現するのではなく、ハイレベルの熟達者を多人数養成することができるのが、型の強みだ」と説明する。私は、思わず膝《ひざ》を叩《たた》いて、「これだよ、これ」と唸《うな》った。私が、一流ばかり求めるバカな支店長や部長に言いたかったのは、まさにこのことなのだ。本書の刊行は平成17年。私が人事部にいたのは、平成2年から平成6年。なぜもっと早く齋藤氏は本書を書いてくれなかったのかと恨《うら》み言を言いたくなったほどだ。もしその頃、本書に出会っていたら、彼らを十分に説得できたのにと思う。本書は、この「型」を追求するために多くの組織の事例を紹介する。これがそれぞれとても興味深い読み物となっている。第1講講義から最終講義まで11講義の内容は次の通り。ヨハン・クライフのサッカー、カルロス・ゴーンの日産改革、小澤征爾《おざわせいじ》など世界的音楽家を数多く育てた齋藤秀雄メソッド、将棋の奨励会システム、清水FCの選手養成、宝塚音楽学校の生徒指導、藩校の教育、山口百恵など時代を画するアイドルを生み出したテレビ番組『スター誕生！』の裏話、日本漫画のスタートとなったトキワ荘、次々に大ヒット漫画を世に出す週刊マンガ誌とは、自由な研究で人材を育てた理化学研究所。よくぞこれだけの事例を集めたものだと齋藤氏の視野の広さに感心する。各講義の最後に要点がまとめられていて非常に参考になるが、読者はぜひそれぞれの講義をじっくりと味わってもらいたい。私が最も感動したのは、第8講の『スター誕生!』だ。その講義で番組の中心人物であった阿久悠氏が、アイドルを選ぶ審査基準として「下手を選びましょう。それと若さを」と提案したことを知った。私は、この言葉に胸が震えた。本書を読んで、この阿久悠氏の言葉を知っただけでも十分な価値がある。なぜならこの言葉には経営者の人材に対する覚悟が凝縮されているからだ。完成された人材だけを使っていれば、組織は現状維持か、後退しかない。経営者は、未熟な人材を登用する勇気を持たねばならないのだ。当然、それを育成する根気と、システムが必要だが、まずなによりも未熟な人材を登用する勇気こそが経営者に求められる資質なのだ。多くの経営者は、危機になればなるほど完成された人材を求める。しかしあの経営の神様、松下電器産業(現パナソニック)の松下幸之助は、昭和52年に、当時26人いた役員の下から2番目の序列に位置する山下俊彦氏を社長に大抜擢《ばってき》した。それは世間を驚かせ、山下飛びと言われた。幸之助氏は、若く完成されていない山下氏に松下電器が陥っていた官僚主義、経営停滞の打破を託したのだ。この幸之助氏の思いは、阿久悠氏の思いと共通する。そしてこの講義ではもうひとつ貴重なことを教えられる。それは番組が10年続いた頃、熱気が冷めた様子を阿久悠氏が語っている「ぼくらは、まるで、教員室で語り合う先生のように、生徒の選択を気遣ったり、怒ったり、嘆いたり、喜んだりしていたのだが、それもなくなっていた」という言葉だ。齋藤氏は、ここでは『スター誕生！』という番組は、70年代という時代の中で光を放っていたと語っているが、テレビ番組なら10年でも長寿番組だが、経営となると話は違う。１００年でも２００年でも続かねばならない。そのためには熱気が続かねばならない。また続くように未熟な人材を登用し続け、育成することに倦《う》んではならない。そのことを齋藤氏は、阿久悠氏の言葉で、さりげなく、しかしずしりと重く悟らせてくれるのだ。

本書を読了した経営者は、すべからく経営において日本的な人材教育システムの価値を見直すという考えを持つだろう。それは第1講における「反復練習することによって、達人の得ている暗黙知（身体知）に近づくことができる」という猿飛の術についての齋藤氏の見解に深く納得するからだ。この見解は日本のもの作りの現場における先輩から後輩へのアナログ技術の移転の重要性を教えている。私は多くのもの作りの現場を見てきたが、日本企業の強みはデジタル技術にあるのではない。デジタル技術は、他国に真似《まね》され、すぐに追いつかれ、すぐに追い抜かれる。しかし絶対に他国に追い抜かれないのは、日本のアナログ技術だ。磨いたり、削ったり、叩《たた》いたりなど手の感触で覚えなければならないアナログ技術が最先端工場は勿論《もちろん》のこと、そこで製造される最先端デジタル製品の中にさえ生かされているのだ。そこが日本の絶対的な強みなのだということが最近忘れられようとしているのではないだろうか。日本企業が、アナログ技術をないがしろにした途端、品質の劣化を招き、日本の製造業は他国の後塵《こうじん》を拝することになるだろう。このことはなにも製造業ばかりではない。どんな分野の日本の企業においても先輩の技を盗み、学ぶというシステムが順調に稼動しているところが強いのは自明のことだ。本書は、あらためて日本の人材育成システムの良さを再認識させてくれると同時に、それを失いつつある企業の経営者が読めば強烈な危機感を覚えるだろう。死神が、あなたの企業に大きな鎌《かま》を振りかざす前に、本書を座右に置き、人材教育システムの改革に着手することをお勧めしたい。

（平成二十二年一月、作家）

この作品は平成十七年五月新潮社より刊行された『天才がどんどん生まれてくる組織』を改題したものである。

齋藤 孝著
読書入門
—人間の器を大きくする名著—
心を揺さぶり、ゾクゾク、ワクワクさせる興奮を与えてくれる、力みなぎる50冊。この幸福な読書体験が、あなたを大きく変える！

齋藤 孝著
ドストエフスキーの人間力
こんなにも「過剰」に破天荒で魅力的なドストエフスキー世界の登場人物たち！ 愛読、耽溺してきた著者による軽妙で深遠な人間論。

齋藤 孝著
偏愛マップ
ビックリするくらい人間関係がうまくいく本
アナタの最大の武器、教えます。〈偏愛マップ〉で家も職場も合コンも、人間関係が超スムーズに！ 史上最強コミュニケーション術。

齋藤 孝著
「一流」をつくる法則
あらゆる古今の勝ち組を検証し、見えてきた「基本技の共有」というシステム。才能を増産しチームを不死身にする、最強の組織論！

最相葉月著
あのころの未来
—星新一の預言—
人類と科学の関係を問う星作品を読み解き、立ち止まって考える、科学と僕らのこれから。星新一の思想を知り想いを伝えるエッセイ。

最相葉月著
絶対音感
小学館ノンフィクション大賞受賞
それは天才音楽家に必須の能力なのか？ 音楽を志す誰もが欲しがるその能力の謎を探り、音楽の本質に迫るノンフィクション。

さくらももこ著
そういうふうにできている
ちびまる子ちゃん妊娠!? お腹の中には宇宙生命体=コジコジが!?期待に違わぬスッタモンダの産前産後を完全実況、大笑い保証付!

さくらももこ著
憧れのまほうつかい
17歳のももこが出会って、大きな影響をうけた絵本作家ル・カイン。憧れの人を訪ねる珍道中を綴った、涙と笑いの桃印エッセイ。

さくらももこ著
さくらえび
父ヒロシに幼い息子、ももこのすっとこどっこいな日常のオールスターが勢揃い! 奇跡の爆笑雑誌「富士山」からの粒よりエッセイ。

さくらももこ著
またたび
世界中のいろんなところに行って、いろんな目にあってきたよ! 伝説の面白雑誌『富士山』(全5号)からよりすぐった抱腹珍道中!

酒井順子著
29歳と30歳のあいだには
女子(独身です、当然)の、29歳と30歳のあいだには、大きなミゾがあると、お思いになりますか? 渦中の人もきっと拍手の快著。

酒井順子著
観光の哀しみ
どうして私はこんな場所まで来ちゃったの……。楽しいはずの旅行につきまとうビミョーな寂寥感。100%脱力させるエッセイ。

酒井順子著

枕草子REMIX

率直で、好奇心強く、時には自慢しい。読めば読むほど惹かれる、そのお人柄――。「清少納言」へのファン心が炸裂する名エッセイ。

酒井順子著

箸の上げ下ろし

男のカレー、ダイエット、究極のご飯……。「食」を通して、人間の本音と習性をあぶりだす。クスッと笑えてアッと納得のエッセイ。

酒井順子著

都《みやこ》と京《みやこ》

東京vs.京都。ふたつの「みやこ」とそこに生きる人間のキャラはどうしてこんなに違うのか。東女《あずまおんな》が鋭く斬り込む、比較文化エッセイ。

小泉武夫著

不味い！

この怒りをどうしてくれる。食の冒険家コイズミ教授が、その悲劇的体験から「不味さ」の源を解き明かす。涙と笑いと学識の一冊。

小泉武夫著

くさいものにフタをしない

ニオイを無くしたら食の魅力は半減。あのクサイの先に真の美味が待っている。コイズミ教授によるユーモアたっぷりの食文化講義。

小泉武夫著

ぶっかけ飯の快感

熱々のゴハンに好みの汁をただぶっかけるだけで、舌もお腹も大満足。「鉄の胃袋」コイズミ博士の安くて旨い究極のBCD級グルメ。

野口悠紀雄著

「超」リタイア術

退職後こそ本当の自己実現は可能！ サラリーマンの大問題である年金制度を正しく理解し、リタイア生活を充実させる鉄則を指南。

野口悠紀雄著

アメリカ型成功者の物語
ゴールドラッシュとシリコンバレー

ジーンズ発明者、鉄道王、銀行家、そして150年後、IT企業を起こした20代の若者たち。大金持ちはいかにして誕生するのか？

野地秩嘉著

サービスの達人たち

伝説のゲイバーのママからヘップバーンを感嘆させた靴磨きまで、サービスのプロの姿に迫った9つのノンフィクションストーリー。

羽生善治
伊藤毅志著
松原仁

先を読む頭脳

誰もが認める天才棋士・羽生善治を気鋭の科学者たちが徹底解明。天才とは何がすごいのか？ 本人も気づいていないその秘密に迫る。

東海林さだお
赤瀬川原平著

老化で遊ぼう

昭和12年生れの漫画家と画家兼作家が、これからの輝かしい人生を語りあう、爆笑対談10連発！ 人生は70歳を超えてから、ですぞ。

桜沢エリカ著

贅沢なお産

30代で妊娠、さあ、お産は？ 病院出産も会陰切開もイヤな人気漫画家は「自宅出産」を選んだ。エッセイとマンガで綴る極楽出産記。

椎根和著

平凡パンチの三島由紀夫

三島最後の三年間、唯一の剣道の弟子として、そして番記者として見つめた、文豪の意外な素顔。三島像を覆す傑作ノンフィクション。

千住文子著

千住家の教育白書

長男・博は日本画、次男・明は作曲、そして娘・真理子はヴァイオリンに……。三人の〝世界的芸術家〟を育てた母の奮闘と感動の記録。

髙橋秀実著

トラウマの国ニッポン

教育、性、自分探し——私たちの周りにある〈問題〉の現場を訪ね、平成ニッポンの奇妙な精神性を暴く、ヒデミネ流抱腹絶倒ルポ。

鳥飼玖美子著

歴史をかえた誤訳

原爆投下は、日本側のポツダム宣言をめぐるたった一語の誤訳が原因だった——。外交の舞台裏で、ねじ曲げられた数々の事実とは!?

野瀬泰申著

天ぷらにソースをかけますか?
—ニッポン食文化の境界線—

赤飯に甘納豆!? 「天かす」それとも「揚げ玉」? お肉と言えばなんの肉? 驚きと発見の全国〈食の方言〉大調査。日本は広い!

林望著

帰宅の時代

豊かな人生は自分で作る。そのために最も大切な基地は「家庭」だ。低成長と高齢化の時代を、楽しく悠々と生きるための知恵と工夫。

「一流《いちりゅう》」をつくる法則《ほうそく》

新潮文庫　さ－54－5

平成二十二年四月一日発行

著者　齋《さい》藤《とう》孝《たかし》

発行者　佐藤隆信

発行所　株式会社新潮社

郵便番号　一六二－八七一一
東京都新宿区矢来町七一
電話　編集部(〇三)三二六六－五四四〇
　　　読者係(〇三)三二六六－五一一一
http://www.shinchosha.co.jp

価格はカバーに表示してあります。

乱丁・落丁本は、ご面倒ですが小社読者係宛ご送付ください。送料小社負担にてお取替えいたします。

印刷・大日本印刷株式会社　製本・加藤製本株式会社

ISBN978-4-10-148925-4 C0195